檀上 寛
Hiroshi Danjo

陸海の交錯
明朝の興亡

シリーズ 中国の歴史④

岩波新書
1807

いま、中国史をみつめなおすために——シリーズ 中国の歴史のねらい

中国は近くて遠い国である。

かつて筆者たちが物心ついたころ、中国に渡航できなかったし、そこで何が起こっているのかも、よくわからなかった。一衣帯水というほど、近距離にある。それなのに、何もみえないもどかしさがあった。

半世紀たった今は、どうだろう。渡航はほとんど自由、おびただしい人々が行き来している。一衣帯水はほんとうに近い。関係も深まった。善かれ悪しかれ、とても重要な国である。

それでも、現在のわれわれに中国・中国人が見えているであろうか。表面をいくら注視しても、その内実はあいかわらず謎である。近くなったはずの中国は、まだまだ遠い。

その謎に近づく一法は、歴史を繙くにある。人を知るにも、まず履歴書をみるはずだ。目前の中国もやはり同じ、過去の履歴にこそ、その核心にアプローチできる足がかりが隠れている。

もっとも、中国の歴史といえば、これまでいくたりの大家が書いてきた。そこには、共通する一定のパターンがある。いわば時代輪切りの編成で、時系列にそってわかりやすい。

しかし中国は巨大である。ヨーロッパよりも広く人も多い。ヨーロッパは十数カ国、国ごとに別の歴史を書く。つまりは多元多様なので、それに応じた歴史でなくてはならない。

かたや中国はどうか。多国籍でないにせよ、劣らず多元的なはずだが、従前の中国史はそこをとらえきれなかった。「中国」という自明の枠組みを時代ごとにみるだけだったからである。かつての王朝交代史観と大差ないし、特定のイデオロギーと親和しかねない。グローバル化の現代にふさわしい、多様な中国の顔と姿に迫れる中国史の叙述が必要であろう。

そこで本シリーズは多元性をモチーフに、次頁のイメージで五巻構成にした。1巻は東アジアの文明が黎明を迎え、多元性が顕在化する過程を描き、2巻は開発がすすみ、経済文化の中心として台頭する南方の歴史を述べる。3巻は外から絶えず影響を及ぼし、ついに中国と一体となる草原世界を論じる。4巻は海の比重が増し、南北にくわえ海陸の多元化が強まる時代を叙述し、5巻はこれをうけ、そうした多元性から出発して、現代中国につながる歴史をみる。

シリーズを通じて、遠くて多様な中国の履歴書が一望できたなら、望外の喜びである。

執筆者一同

本シリーズの構成

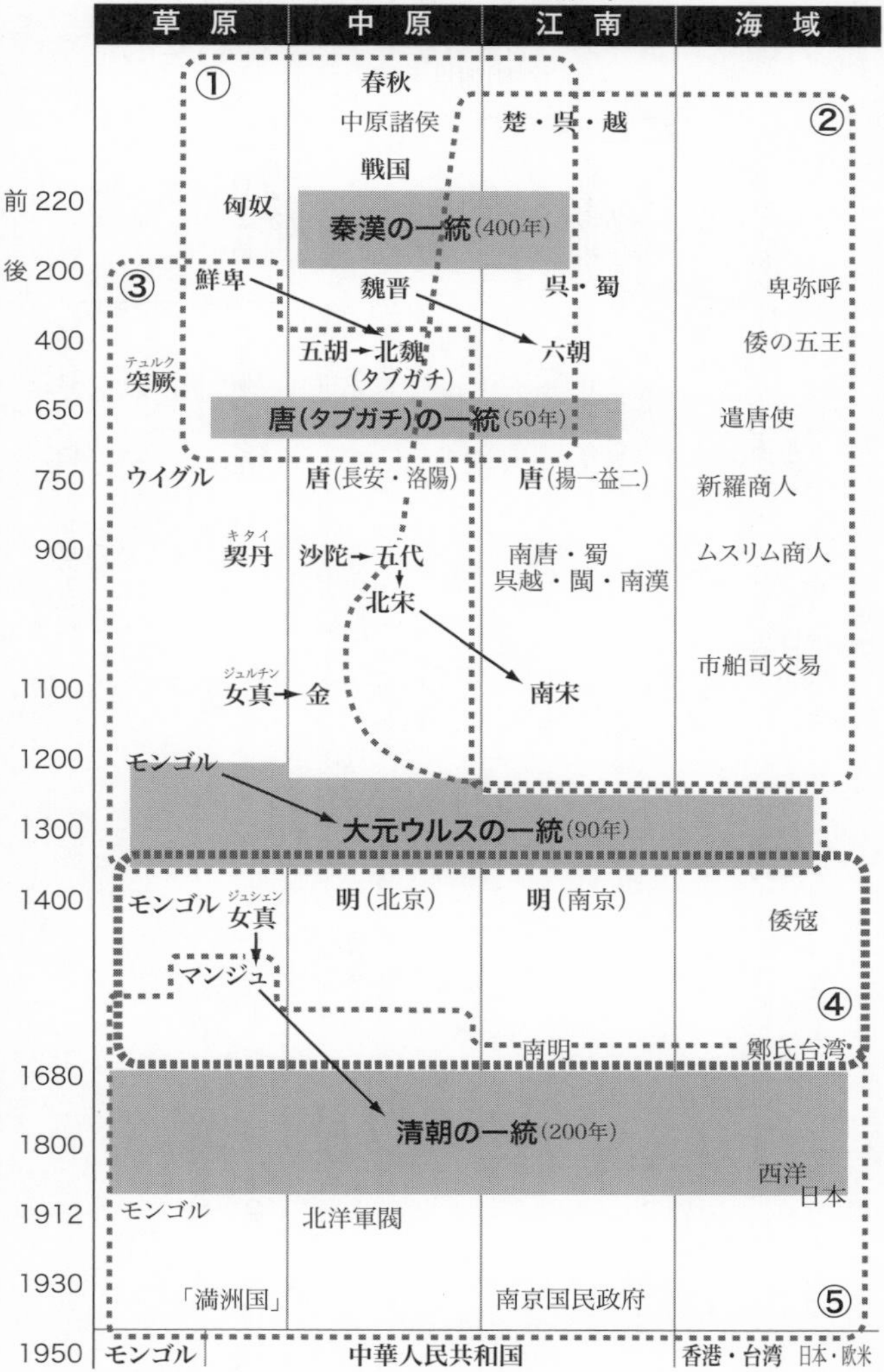
草原
中原
江南
海域
①
春秋
中原諸侯
楚・呉・越
②
戦国
前 220
匈奴
秦漢の一統(400年)
後 200
③
鮮卑
魏晋
呉・蜀
卑弥呼
400
五胡→北魏
(タブガチ)
六朝
倭の五王
突厥《テュルク》
650
唐(タブガチ)の一統(50年)
遣唐使
750
ウイグル
唐(長安・洛陽)
唐(揚一益二)
新羅商人
900
契丹《キタイ》
沙陀→五代
北宋
南唐・蜀
呉越・閩・南漢
ムスリム商人
市舶司交易
1100
女真《ジュルチン》→金
南宋
1200
モンゴル
1300
大元ウルスの一統(90年)
1400
モンゴル
女真《ジュシェン》
マンジュ
明(北京)
明(南京)
倭寇
④
南明
鄭氏台湾
1680
1800
清朝の一統(200年)
西洋
日本
1912
モンゴル
北洋軍閥
1930
「満洲国」
南京国民政府
⑤
1950
モンゴル
中華人民共和国
香港・台湾
日本・欧米

明朝世系図

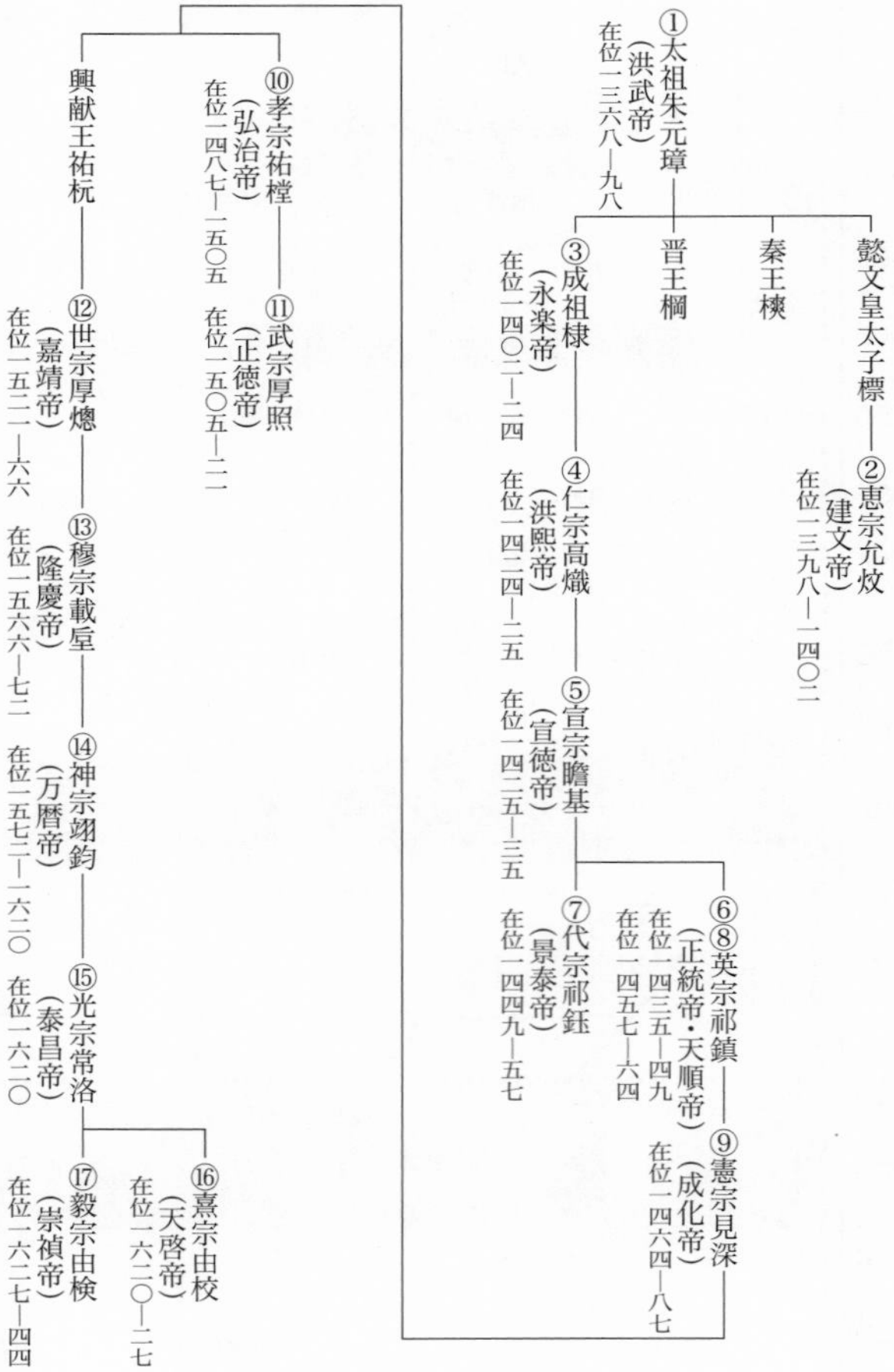
①太祖朱元璋（洪武帝）在位一三六八―九八
懿文皇太子標
秦王樉
晋王棡
③成祖棣（永楽帝）在位一四〇二―二四
②恵宗允炆（建文帝）在位一三九八―一四〇二
④仁宗高熾（洪熙帝）在位一四二四―二五
⑤宣宗瞻基（宣徳帝）在位一四二五―三五
⑥⑧英宗祁鎮（正統帝・天順帝）在位一四三五―四九 在位一四五七―六四
⑦代宗祁鈺（景泰帝）在位一四四九―五七
⑨憲宗見深（成化帝）在位一四六四―八七
⑩孝宗祐樘（弘治帝）在位一四八七―一五〇五
興献王祐杬
⑪武宗厚照（正徳帝）在位一五〇五―二一
⑫世宗厚熜（嘉靖帝）在位一五二一―六六
⑬穆宗載垕（隆慶帝）在位一五六六―七二
⑭神宗翊鈞（万暦帝）在位一五七二―一六二〇
⑮光宗常洛（泰昌帝）在位一六二〇
⑯熹宗由校（天啓帝）在位一六二〇―二七
⑰毅宗由検（崇禎帝）在位一六二七―四四

はじめに

地球規模の気候の寒冷化にともなう世界的な経済の停滞と収縮、それに起因する災害・飢饉や社会動乱・戦争。それらが続けざまに起こったのが一四世紀と一七世紀である。いわゆる「一四世紀の危機」と「一七世紀の危機」、この二つの全般的な危機の狭間にあるのが、明という時代であった。王朝の幕開けと幕引きに合わせて、元末の反乱と明末の反乱が勃発したのも決して偶然ではない。

これより以前、一三世紀初頭に勃興したモンゴルが草原の軍事力によって東西に進出し、ユーラシアのほぼ全域を支配したのが元朝の南宋併呑後の一三世紀後半。交通・通信網の整備で各地域間の距離は一気に縮まり、帝都の大都(北京)から大陸を横断して東西を結ぶ陸路と、旧南宋領の東南沿海部から東南アジア海域を経てインド洋・アラビア海に向かう海路が元朝を介して繋がり、ユーラシア規模でヒト、モノ、カネ、情報が還流した。それまでいくつもの文明圏に分かれていた「世界」はモンゴルによって統一され、一体化が図られたのである。

だが、この巨大帝国も一四世紀になると次第に分裂含みとなり、やがてモンゴル帝国の崩壊後には各地に大型の帝国が生まれて互いに抗争を開始する。オスマン朝、ティムール朝、ムガール朝、明・清朝など皆そうで、しかもこれらのほとんどがチンギス・カンの血統かモンゴルの権威を後ろ盾とした。ユーラシア全体がモンゴルの影響下にあった証左であり、そんな中で唯一モンゴルの否定を国是としたのが明であった。明は徹底的にモンゴル色を排して中国固有の論理、すなわち儒教的論理で国家建設を進めていく。明の次の清が元の後継国家を自認したことと比べても、明の特異性が見て取れよう。

明が異なる点は他にもある。他の帝国が柔構造の統治組織で社会に臨んだのに対し、明は秩序の再建に当たり社会の隅々にまで統制を加えるきわめて硬質の固い体制＝「明初体制」を生み出したことだ。明はこの体制を構築することで、一四世紀の危機を乗り切ることに成功する。だが、一五世紀半ばの明中期になると明初体制もほころびを見せ、一六世紀にいたってその崩壊は決定的となる。明は必死に立て直しを図ったものの、けっきょく社会の変化に十分に対応できないまま、一七世紀の混乱の中で滅亡するしかなかった。

いったい、明は長い中国の歴史の上で、どのように位置づければよいのだろうか。もちろん、さまざまな角度からのアプローチが可能であろう。政治体制の面でみれば、何といっても宋代に成立した君主独裁体制が、明初にいたって未曽有に強化されたことが上げられる。本書では三田村泰助氏にならってそれを絶対帝制と呼ぶが、明初体制は絶対帝制なくして実現し得なかった。しかもその背景には、主要な与件として次の三種のせめぎ合いが存在したことが見逃せない。すなわち、①中華と夷狄の抗争。②中国史を貫く華北と江南(ここでは広く華中・華南全体を指す)の南北の対立。③草原を含む大陸中国と東南沿海の海洋中国の相克。

あらためていうまでもなく、この三つの与件は、本シリーズが「中華(第1巻)」「江南(第2巻)」「草原(第3巻)」をテーマとしていることからも分かるように、中国史理解の要諦であり、特に宋以後「近世」になると三者ともに対立の構図が尖鋭化する。夷狄の台頭と中華の反発。「政治の北」に対する「経済の南」のプレゼンスの増大。伝統的な農業国家から商業重視の海洋国家への傾斜。こうした傾向が宋以後次第に顕在化した。この三つのせめぎ合いがそれぞれしのぎを削り、その軋轢《あつれき》が飽和点に達したのが一四世紀である。

早い話が元明革命自体、夷狄から中華への王朝交替を意味しよう。一〇世紀以後相次いで中国を支配する遊牧王朝(遼・金・元)を、初めて倒した中国王朝が明であった。明は南京に都を置いて統一王朝へと発展するが、南から興って全国を制覇したのも明だけである。宋元時代の活発化した海外貿易や海洋への進出を押し止め、大陸国家へと回帰させたのもこれまた明であった。一四世紀の危機の中で明は中国的論理で諸課題に対処し、明ならではの新時代を切り開いたのである。そこから生まれた固い体制が明初体制に他ならない。

この体制がその後どのような変遷をたどり、一六・一七世紀の変動期を迎えることになるのか。この間、中国社会は大きく変容するが、そのありようはどのようなものであったのか。それらを見据えながら、ほぼ三百年にわたる明の歴史を概観するのが本書の主要なテーマである。そこからどんな明代史像が浮かび上がってくるか。まずは元末の反乱と明初体制の成り立ちから話を始めることにしよう。

目次

第一章　明初体制の成立

一　元末の反乱と明朝の誕生

紅巾の乱

「胡虜に百年の運なし」とは、明の太祖朱元璋（在位一三六八〜九八）が元朝を攻撃する際に中原の民に発した檄文の一節だが、すでに元の世祖クビライ（在位一二六〇〜九四）がカアンを唱えて半世紀も経たないうちに、元朝の屋台骨は大きく揺らぎ始めていた。官界での権力闘争や官僚の綱紀弛緩、民間での貧富の差の拡大など積年の矛盾が一気に噴き出してきたからである。加えて歴代皇帝によるチベット仏教の仏事供養に対する多額の出費と、モンゴル諸王・功臣への無制限な賜与は、国家財政を圧迫した上に重税となって民衆を苦しめた。

それに追い討ちをかけたのが自然災害である。一三世紀末以来の寒冷化現象と気候不順による農業生産の減少で、全国的に食料不足が慢性化した。モンゴル時代に膨張した人口を養うために、無理をして開墾した土地は自然災害に対してあまりに脆弱で、激変した環境に十分に対応できなかった。そこにお決まりの役人や地主の搾取も加わり、民衆生活は壊滅的な打撃を受けるにいたる。早くも一三二〇年代には天災・飢饉・疫病などが相次ぎ、各地に数万、数十万の飢民・流民が発生した。さらに一三四〇年代以降は黄河が連年のように氾濫を繰り返し、周辺の農民に多大な被害をおよぼした。

こんな不穏な社会情勢の中で、民衆の心をとりこにしたのが白蓮教《びゃくれんきょう》である。白蓮教は南宋の沙門茅子元《ぼうしげん》の始めた白蓮宗に淵源し、そこにペルシャ起源のマニ教(明教)や弥勒教などが混淆して元末に民間宗教として成立した。マニ教の「明王出世」思想や弥勒教の「弥勒仏下生《みろくぶつげしょう》」信仰は、未来仏の出現と世直しを説く現状否定の色彩を強く持つ。それゆえ白蓮教は国家にとってはきわめて危険な反体制的宗教であり、元朝も邪教として取締まりを厳しくしたが、苦境にあえぐ民衆の絶大な支持を得て急速に教勢を拡大した。

当時、河北・河南方面で布教していた白蓮教主の韓山童とその徒党の劉福通らは、韓山童こそ宋の徽宗《きそう》八代目の子孫だと吹聴し、黄河の治水工事に駆り出された民衆を扇動して一斉蜂起を企てる。韓山童は事前に捕らえられ処刑されたが、劉福通らが至正一一年(一三五一)に挙兵すると、現状に不満を持つ民衆が陸続と参加し、集団は瞬く間に拡大していった。彼らは仲間の目印として頭に赤い布を巻いたため、紅巾軍とか紅巾の賊と呼ばれる。いわゆる「紅巾の乱」の勃発である。

同じ時期、長江中流域でも布売り商人の徐寿輝が弥勒仏を奉じ、紅巾を着けて反旗を翻した。一般に徐寿輝らの集団を西系紅巾軍、劉福通らを東系紅巾軍と称するが、両者の間につながりはまったくない。徐寿輝はほどなく湖北の蘄水《きすい》に都を置いて皇帝に即位し、天完国を樹立して治平と建元した。一方、劉福通は韓山童の遺児韓林児を亳州《はくしゅう》(安徽省)に迎えて皇帝に擁立し、大宋国を樹立、龍鳳と建元した。さらに林児の称号を白蓮教の「明王出世」にちなんで小明王とし、母の楊氏を皇太后に祭り上げて政権の体裁を整えた。元朝の元号でいえば至正一五年(一三五五)、大宋国の龍鳳元年のことである。

東系、西系の両紅巾軍が宗教色を濃厚に持つのに対し、まったく認められない反乱者も存在する。その代表が官塩仲買人出身の張士誠と海賊あがりの方国珍である。彼らには紅巾軍のような世直しの理想もなく、それぞれ平江(蘇州)と慶元(寧波《ニンポー》)を拠点に独立自保するだけで、元朝と手を結ぶことすら平気で行った。長江下流域の高い経済力をバックに、海外貿易も大々的に展開するなど元末ならではの反乱者たちであった。

図1　紅巾の乱

朱元璋の台頭

明朝の創設者朱元璋が、濠州(安徽省鳳陽)の貧農の家に生まれたのは天暦元年(一三二八)九月のことである。彼は一七歳の時に飢饉と疫病で家族を失い、やむなく近在の寺に預けられたが、まもなく食を求めて托鉢の旅に出る。三年間にわたって遊行した淮西(淮水以南の西部)一帯は、白蓮教徒が盛んに布教活動をしていた地域であり、当然彼もその影響を受けたであろう。彼が信徒になったとの明証はないが、白蓮教の教えに接して社会の諸矛盾を実感したに違いない。

至正一二年(一三五二)、鳳陽の土豪郭子興が反乱に呼応すると朱元璋は彼のもとに駆けつけ、郭軍団の中で一気に頭角を現すことになる。だが彼はほどなく郭子興のもとを離れ、仲間とわずかの手勢を率いて南下することを決意する。江南の経済力に期待してのことだが、その過程で地主の郷里防衛組織である民兵や義兵を攻略し、一月も経たないうちに数万人を擁する大軍団へと膨張した。

図2　明の太祖朱元璋

地主の参画は集団の性格を変質させずにはおかない。本来朱元璋軍団は反乱軍であり、既存の秩序の破壊者であった。だが地主たちは秩序再建のために、元朝に代わる新たな秩序統括者の役割を彼に期待した。彼らが朱元璋に強く求めたのは、軍事的拠点の確立と儒教の徳治(礼治)主義による人心の収攬であった。やがて長江を渡った朱元璋は、至正一六年に集慶(南京)を抜いて根拠地とし、応天府と改名した。天命に応えるとの意味である。呉国公に推戴された朱元璋は、応天に江南行中書省を置いて省事を統べることにした。

かたや劉福通らに率いられた大宋国は、至正一七年に三路に分かれて北伐を開始し、翌年開《かい》封《ほう》(河南省)を陥落させて首都に決定した。開封は元が滅ぼした宋の旧都であり、まさにこの時期こそ大宋国の絶頂期であった。だが、翌一九年に開封が元側に奪回されると、各地に派遣された北伐軍も元軍に各個撃破され、最後は流寇同然の略奪集団に落ちぶれてしまう。大宋国の退潮は誰の目にも明らかとなった。

西系紅巾軍の天完国にも混乱が生じていた。至正二〇年(一三六〇)に陳友諒が主君の徐寿輝を殺し、独立して江州(江西省九江市)に大漢国を樹立したのである。それを聞いた明玉珍は重慶(四川省)で皇帝に即位し大夏国を創建したため、天完国は真っ二つに分裂してしまった。至正二〇年前後を境に中国国内は分立の局面を強め、群雄割拠の様相を呈し始めたわけだ。白蓮教徒の抱く宗教王国の建設という高邁な理想は、すでにこの頃には完全に色褪せたものになっていた。

浙東進出

応天(南京)近辺を制圧した朱元璋は、至正一八年から浙東(浙江省の銭塘江以東)への攻撃を開始した。同年末に浙東の要地婺州《ぶしゅう》(金華)を攻略すると、当地に中書分省と金華翼元帥府を置いて行政と軍事の中枢機関とした。金華は南宋以来の儒学の淵叢であり、江南文化の中心地であった。正統朱子学の伝統を継承する当地には、経世済民を旨とする金華学派が形成され、浙東の思想界をリードしていた。浙東の知識人を籠絡することは、浙東を領有する上で不可欠であり、朱元璋政権の正当性を証明することにもなる。朱元璋が率先して彼らを迎え入れたのも当然であった。

とりわけ劉基と宋濂の二人の大儒が、朱政権に加わった意味は大きい。劉基は学者でありながら謀略に富み、のちに「今孔明」と称されるほどに軍才を発揮した。また宋濂は金華学派の正統を継承する生粋の儒学者で、明朝一代の法律や礼楽制度の大半は宋濂が考案したものだとされる。浙東学派の領袖たちが朱元璋に協力したことは他の知識人にも影響し、これ以後彼らに続くものが続出した。今や朱元璋政権はかつての反体制的な集団ではなく、体制護持を標榜する伝統的な政権へと変貌を遂げつつあった。

略奪まがいの軍糧調達法の寨糧《さいりょう》を廃止したのが至正二〇年。従来からの「不殺」のスローガンに加え、「養民」の主張が目立ち始めるのもこの頃からである。養民とは民の生活を保障することで、政権の安定はこの政策の成否にかかっている。略奪から養民への変化は朱元璋の成長を示すものであり、また同時に集団の変質を物語るものでもあった。

群雄割拠

同じ頃、長江下流域の平江(蘇州)では、張士誠が大きな勢力を築いていた。彼は至正一三年に呉王を名乗り、王宮を建造して官僚制度を整えた。その南の慶元(寧波)には方国珍がいたため、朱元璋にすれば長江中流域の陳友諒とあわせて、周囲を完全に強敵に囲まれた形であった。なかでも最も脅威であったのが江州の陳友諒と蘇州の張士誠で、朱元璋は劉基の意見を聞き入れて、まずは野心家の陳友諒を攻撃することにした。

両者の雌雄を決したのは、至正二三年の鄱陽湖《はようこ》(江西省北部)の戦いである。巨艦数百隻を浮かべて圧倒的に優勢な陳友諒に対し、劣勢の朱元璋軍は湖上の火攻めという奇襲戦法を用いて奇跡的に勝利する。混乱のさなか、陳友諒も流れ矢に当たって即死した。

明けて至正二四年正月、朱元璋は呉王に即位すると宰相府の中書省を新設し、李善長と徐達を右・左相国《しょうこく》に任じた(元朝にならって右が上位)。ここに朱元璋の独立国が誕生したわけで、張士誠の張呉国と朱元璋の朱呉国とが長江下流域で相対峙することになった。やがて朱元璋は二〇万の軍勢を送って張呉国に攻撃を仕掛け、至正二六年一一月には蘇州を包囲する。張士誠は半年以上持ちこたえたが、最後は捕獲されて自ら首をくくって果てた。至正二七年六月、朱呉

遼陽
ナガチュ
上都
黄
河
大同
大都
渤
海
ココ・テムル
韓山童
冀寧
(太原)
欒城
済南
李思済
奉元
(西安)
韓林児
劉福通
汴梁
(開封)
亳州
徐州
芝麻李
郭子興
濠州
朱元璋
漢
水
淮
水
集慶
鎮江
平江
張士誠
武昌
徐寿輝
蘄水
江
長
杭州
慶元
方国珍
成都
重慶
明玉珍
江州
鄱陽湖
陳友諒
婺州
処州
袁州
竜興
延平
福州
吉安
陳友定
泉州
何真
広州
国都
路
要地

図3　元末群雄割拠図

国の元号では呉元年(一三六七)六月のことであった。

戦後処理は報復的意味も込めて、きわめて苛烈に行われた。張呉国の主導者は処刑され、官僚・将士あるいは蘇州に避難していた者も含め、総勢二〇万人が強制的に応天に移住させられた。蘇州や松江の富豪を朱元璋の故郷の鳳陽に移し、彼らの土地を没収して国有地の官田にしたことも見逃せない。官田には重税が課せられ、のちのちまでも当地の住民を苦しめることになる。同年一二月に降伏した方国珍が、罪を許され応天で天寿を全うしたのとは対照的な措置であった。

先に朱元璋は蘇州に向かう兵士に檄を飛ばしたが、その中で彼は初めて紅巾軍のことを妖賊と罵っている。王朝創設が秒読み段階になった時点で、朱元璋は白蓮教との決別を宣言したわけだ。問題は名目上の主君である小明王韓林児の処遇である。朱元璋は安豊《あんぽう》(安徽省寿県)にいた小明王を応天に招き、途中、長江の瓜歩《かほ》の渡しで船を転覆させて溺死させてしまった。邪魔者は消すという権力者の常套手段が、ここでも赤裸々に行使された。

元明革命の完成

群雄との争覇戦に勝ち抜いた朱元璋は、いよいよ呉元年(一三六七)一〇月に元朝に対して北伐を開始した。征虜大将軍徐達、副将軍常遇春に率いられた二五万の北伐軍は、「駆逐胡虜、恢復中華」のスローガンを掲げて破竹の勢いで進撃し、その年の末までに山東のほぼ全域を支配下に収めた。

翌年正月、朱元璋は応天の南郊で天地の祀りを行い、文武百官の万歳の呼号の中で皇帝に即位した。国号は大明、元号は洪《おお》いなる武すなわち洪武と定められた。大明王朝の誕生である。明の国号についてはマニ教の「明王出世」思想の影響だとか、南方を意味する「朱明」から採用したとか、あるいは『易《えき》』の「大いに終始を明らかにす（大明終始）」に基づくとか諸説があり、いまだ定説を見ていない。大元が『易』の「大いなる哉《かな》、乾元《けんげん》（大哉乾元）」に由来するので、元の正統を継いだ明が『易』に典拠を求めても不思議ではないが、確証がないため断定するのは難しい。ちなみに朱元璋の廟号《びょうごう》は太祖、諡号《しごう》は孝皇帝。また彼以後、一世一元の制が始まったので、元号を冠して洪武帝とも呼ぶ。

この間、明軍は四方に向かって順調に領土を拡張していった。北伐軍も同年閏七月には大都に迫ったため、元朝最後の皇帝トゴン・テムル（在位一三三三～七〇）は一戦も交えず大都を放棄し、北方に逃れ去った。彼はしばらく上都（内モンゴル自治区ドロンノール北西）に留まっていたが、明軍の追撃を受けて応昌に走り、その地で病没した。ほどなく明軍は当地を急襲し、皇太孫のマイダリバラを捕獲して勇躍応天に凱旋してくる。朱元璋は大々的に「沙漠平定の詔」を発して、元明革命の成就を内外に宣言した。また、トゴン・テムルには天命に順《したが》って中華を去った皇帝だとして順帝という諡号を贈った。

かつて二〇世紀半ばに中華人民共和国が誕生した頃、元明革命は満洲《マンジュ》族の清朝を倒した辛亥革命と並んで民族革命だとされ、朱元璋も民族の英雄とみなされていた。アヘン戦争以来の西洋や日本などの列強の侵略を撥ね退け、ようやく解放を勝ち得た新中国の息吹が、そのまま歴史的評価にも反映されたものであった。

たしかに元末の反乱には、民族革命的な要素がないではない。白蓮教主韓山童が宋の徽宗八代目の子孫だと主張したり、韓林児が大宋国を建てて宋の旧都開封を首都にしたりしたのも、元に倒された宋の再興を掲げて、漢民族の民族主義を鼓舞するためである。この意識が元明革命の原動力となったことは否めない。

だが注意すべきは、朱元璋は一度として漢民族国家の復興を主張したことはないことだ。彼が唱えたのは中華の回復であって、漢人国家の再興ではなかった。異民族でも中華の礼・義すなわち中国文化を体得すれば、漢民族と同様、中華の民として待遇するという。滅満興漢の民族主義を鼓吹した孫文も、中華民国成立後には中華民族の「五族共和」を主張せざるを得なかった。中華民族とは個々の民族を止揚したところに成り立つ上位の概念である。多民族国家中国にとり中華という概念は、どうやら魔法のような効用を持つようだ。

二　絶対帝制の確立

国土の復興

元末の反乱や天災・飢饉のあおりをもろに食らったのが、淮水以北の華北である。当地は金と宋あるいは金とモンゴルの抗争以来常に戦場となり、近くは東系紅巾軍の大宋国と元朝の狭間で戦乱に苦しんできた。人口も激減して耕作者のいなくなった田土がそのまま放置され、無人の荒野が限りなく広がっていた。もちろん、ダメージを受けたという点では江南も変わりはない。新王朝が発足した現在、まずやらねばならないのは、民衆生活の安定と国土の復興であった。新王朝には具体的な養民策が求められていた。

すでに王朝成立直前の呉元年五月以来、新たに獲得した領土に対して三年間の税糧と徭役を免除し、王朝成立後も各地で免税の措置が施された。また耕地を増やすために開墾を奨励し、政府が耕牛と種籾を与えて税役を免除することも行われた。他郷に流れていた農民の帰郷政策を推進する一方、狭郷（人口の多い地域）から寛郷（人口の少ない地域）への移民政策も積極的になされた。とりわけ華北はこの移民政策により次第に人口も増え、農業生産も回復していった。

この結果、民衆生活も次第に落ち着きを見せ、農地も年を追って増大することになった。洪武一四年（一三八一）の統計によれば、戸部（財務省）の管轄する全国の総耕地面積は三六六万七七一五頃《けい》（一頃は約五・八ヘクタール）で、このうち約半分の一八〇万三一七一頃は、明朝成立後に開墾された土地だとされる。

また税糧の歳入額は洪武二六年で三二七八万九八〇〇石《せき》であり、元朝の泰定二年（一三二五）の歳入額一二一一万四七〇八石の約三倍増。人口も洪武二六年には六〇五四万五八一二口《こう》で、元朝最盛期の世祖クビライの至元二八年（一二九一）の五九八四万八九六四口を優に超えている。これだけみても、いかに明朝が国力の回復に力を入れていたかが知られよう。明初の養民策は朱元璋の期待通り、着実に成果を上げていたのである。

南人政権

だが、明朝は一つの大きな矛盾を抱えていた。それは明朝が江南地主＝南人の支援で成立した南人政権であったことに起因する。一般に淮水と漢水を境界としてそれ以南の者を南人といい、以北の者を北人という。朱元璋は淮水流域から南下して明朝を創設したのだから、当然政権担当者や支援者の大半は南人であった。明朝は南人政権として出発したわけで、そこには南人政権ならではのジレンマがあった。

黄河流域の華北を舞台とした中国史が、江南を巻き込んで展開しだすのは三国時代以後である。特に江南地方は開発が進むにつれ、経済面では華北を抜いて先進地帯として発展する。隋のときに大運河が開鑿されたのも江南の経済力を北に吸収するためで、宋以後には豊富な生産力をバックに地主制が発達し、文化面でも華北を凌駕した。科挙の合格者も自ずと南人が多数を占めた。古代以来政治の中心は華北にあったが、それでも都が長安から洛陽、そして開封へと東遷したように、時代とともに生産地帯に近づいているのは、江南の比重の高まりを裏付ける(本シリーズ第2巻参照)。

もともと広大な中国では、華北と江南(ここでは淮水以南を広義の江南とする)とで気候・風土等に大きな違いがあり、これに基づき農業様式・生活習慣等の面でも両地の差異は顕著であった。農業面では、ほぼ淮水の線を境に北は麦作、南は稲作が主流であり、それを反映して食習慣も北の麺食に対して南の米食と違いを見せていた。こうした相違はそれぞれの地域に同郷意識を芽生えさせ、時には両者の間に対立を生み出した。宋以後の政界内部でも、南人と北人の抗争はたびたび起こっている。

一四世紀後半に応天を首都として明朝が成立したことは、江南発展史の一つの到達点を示すものだといえる。今まで政治と経済・文化とが分離していたのが、明朝にいたって政・経・文の三者が江南で一致したのである。応天は三拍子そろった都となった。しかも、明朝を支える政権内部の文武の官僚たちは、その多くが江南出身の南人であった。彼らは自分たちの既得権を維持するために、積極的に朱元璋を支持し協力してきたのである。その結果として誕生したのが明朝であった。

なるほど、明朝が江南を支配するだけなら南人政権でも構わない。三国時代の呉とか南北朝の南朝のように、江南の開発にのみ努めればよかったであろう。だが明朝は華北を含む統一王朝であり、現状のままではあまりに南に偏った閉鎖的な政権になりかねない。江南から興った明朝が統一王朝となるためには、まずはこの問題を解決しておく必要があった。南を抑えて北を優遇することは、南北同等支配を実現する上で明朝にとっては必須の要件であったのだ。ここに朱元璋は南人政権からの脱却を目指して政策を開始する。

南北同等支配

朱元璋の南北同等支配の方針を、より直截に全国に向かって可視化したのが、華北と江南の両地に設けた二つの都である。洪武元年八月、朱元璋は応天を南京、開封を北京とする南北両京制度を開始した。北京は名目的な都ではあったが、北と南に都を置くことで、南北同等支配の姿勢をアピールしたわけだ。

翌年には故郷の鳳陽を中都とし、小規模ながら皇城が築かれ中央官庁や国子学(国立大学)が設置された。中都を充実させるために、総計二〇万人近くの民衆も江南から移住させられた。

天下の中央を意味する中都という名称からも分かるように、一時朱元璋は真剣に中都への遷都を考えていたらしい。それは中都が自分の故郷であることに加え、華北と江南とのちょうど境界に位置していたこととも関係する。最後は劉基の反対で中都建設は中断したものの、朱元璋の南北同等支配へのこだわりを、ここにも認めることができるだろう。

官僚の任用についても、洪武四年から「南北更調《なんぼくこうちょう》の制」が実施された。これは南人を華北、北人を江南に赴任させる措置で、官僚を郷里から離して同郷との結びつきを断ち、勢力の扶植を防ごうというものであった。もちろん、最大の狙いは南人を江南から遠ざけることにあり、南人官僚と在地の江南地主との官民馴れ合いの癒着・不正が問題化していたことによる。南人政権の自己矛盾は、すでに王朝創設と同時に表面化していた。

図4　中都(鳳陽)の皇陵碑

そうはいっても王朝運営には官僚が必要である。官吏採用試験の科挙は洪武三年を皮切りに、官僚不足を反映して三年連続で実施された。ところが三年目の郷試(地方試験)が終わり、翌年会試(中央試験)を行う段になって、突然科挙の中止が発表された。合格者が文詞にのみ長じた若輩ばかりで、実務に疎いというのが理由であった。要は合格者の大半が南人で、朱元璋の意に沿わなかったらしい。それゆえ今回は北人のみ採用して新人教育を施し、宋濂がそれを担当した。けっきょく科挙は、洪武一七年まで中断することになる。

代わって実施したのが推薦制度の「薦挙《せんきょ》」である。この制度により南人だけに偏らず、北人も公平に採用する手立てが講じられた。科挙が中止されている間、北方の文化レベルを向上させるために、北方の学校に多数の教諭が派遣された。また四書五経などの書籍を頻繁に配布して、北方の教育体制の改善も図られた。南北同等支配のためには、まずは文教面での南北格差を是正する必要があったのである。

南北経済の統一

経済面での施策はどうであったか。明の税制度は宋と同じ両税法で夏と秋に徴収されたが、特徴的なのは米・麦などの現物での納入が義務づけられたことだ。これは徭役も同様で、貨幣納ではなく生の労働力が求められた。当時は元末の混乱直後で貨幣経済が衰え、現物経済に後退していたのが理由だとされる。明朝は洪武通宝や歴代の銅銭を通行させていたが、農民に貨幣納を強いれば、銅銭の入手で余計な負担をかけかねない。養民のための最適の方法が税役の現物納であった。

これより以前、元は紙幣（交鈔《こうしょう》）一本立ての政策を採用して、民間での銅銭や金銀の使用を禁止した。他方、モンゴルによって統合されたユーラシアには、「モンゴルの平和」のもと大交易圏が出現し、そこでは決済通貨として銀が利用された。銀は銅銭のようなコインではなく銀《ぎん》錠《じょう》と呼ばれる地金であり、ムスリムの御用商人＝斡脱《あつだつ》商人などを通じてユーラシア規模で還流した。つまり、民間では交鈔の使用が強制されたが、上層社会や国家財政は銀立てで動いていたわけだ。

元末の混乱による貨幣経済の崩壊は、反乱の舞台となった華北に特に顕著であった。逆に地主や商人等の富裕層の多い江南では、価値の下落した交鈔に代わり銀が民間に浸透していく。西方への銀の流れも止まり、江南にはこうした銀が各地から流入し、商人も大口の取引には銀を使用した。元末の反乱の余波で多くの銀は民間に退蔵されてはいたが、銀使用の伝統は明初にも受け継がれ、現物経済への回帰の度合いも華北と江南とではかなりの開きがあった。

それゆえ、明朝が税を現物納にしたのは華北の実状に合わせたもので、当地の負担を和らげ復興を支援しようとの強い思いからであった。今ただちに貨幣納にすれば、華北の疲弊がいっそう高じることになる。一方、江南に対しては、銀の独自の流通を抑制することが急がれていた。銀は素材自体に価値があるため国家の政策と無関係に流通する。それを放任すれば江南の経済界が銀で完結し、南北同等支配に反しよう。明初に金銀使用の禁令が出された裏には、こうした特殊な事情があった。

洪武八年、明朝は満を持して紙幣の大明通行宝鈔（大明宝鈔）を発行した。元の交鈔が当初は兌換紙幣であったのに対し、明の宝鈔は最初から不換紙幣として発行された。金銀使用の禁令が同時に発せられ、大明宝鈔は国家の保障だけで価値を持たされたのである。明朝の狙いは銀を社会から徹底的に吸収し、華北と江南に大明宝鈔を通行させて、経済界での南北同等支配を実現することにあった。そこにはまた現今の現物経済を維持して小農民の生活安定を図ろうという、明初ならではの国家の政策的意図も込められていた。

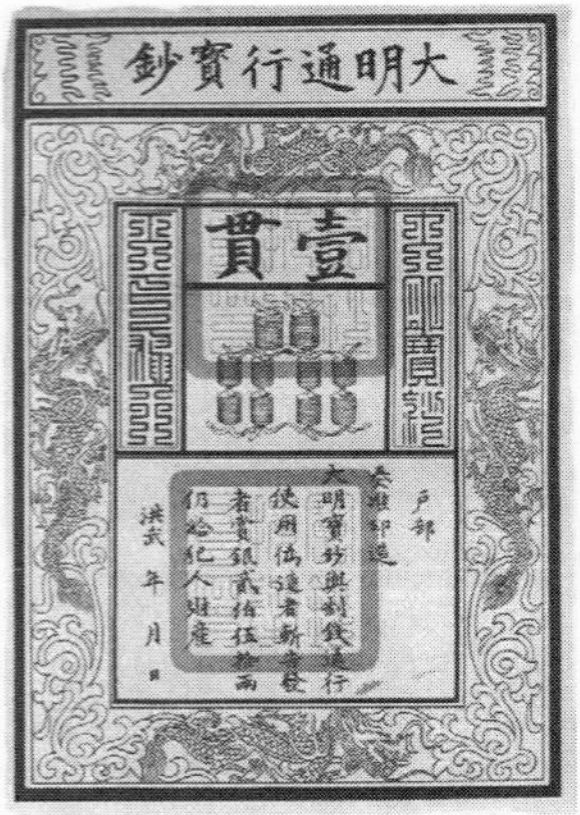

図5　大明通行宝鈔

官僚機構の改革

先述したように、朱元璋がもっとも頭を痛めたのは南人官僚と江南地主との癒着問題である。税のごまかし、賄賂の横行、汚職等が日常茶飯事となっていた。そのしわ寄せを受けるのはもちろん小農民であり、この事態を打開しない限り南人政権からの脱却などとうてい望めない。

しかも弊害にメスを入れるには絶大な権力が必要で、秩序統括者の皇帝への権力集中が不可欠となる。ここに朱元璋は国内の安定を待って計画的に大獄を起こし、官界・民間に峻烈な弾圧を加える中で絶対帝制を築き上げていく。

当時、全国には一二の行中書省(行省)があり、その下には府・州・県の行政機構が存在した。国初以来これらの官庁は年度末に中央の戸部に会計報告書を提出する際、長官印だけを捺した白紙文書(空印文書)を持参し、数字にミスがあればそれに書き改めるのを常とした。わざわざ戻って作成し直す手間を省くためである。ところが洪武九年(一三七六)にいたり、この空印文書で不正がなされているとして、突如地方官数千人が左遷や死刑に処せられた。いわゆる「空《くう》印《いん》の案」である。

この事件の目的は、王朝創設過程で任命された地方官(当然その多くは南人)の入れ替えと地方官庁の機構改革にあったと思われる。事件後、元の制度を踏襲して地方で大権をにぎる行中書省は廃止され、代わって各省には承宣布政使司(民政)、提刑按察使司(監察・司法)、都指揮使司(軍政)の三司が置かれて明朝独自の三権分立体制が成立した。地方官庁の権限は縮小し、皇帝権力は格段に強化された。

地方の改革が中央に波及したのが、洪武一三年の「胡《こ》惟《い》庸《よう》の獄」である。宰相胡惟庸が謀反を計画したかどで即刻処刑されたのを手始めに、約一万五〇〇〇人の者が胡惟庸の一党の「胡党」名義で血祭りに上げられた。胡党は南人官僚を中心に、江南地主や大商人、一般農民にまでおよび、彼らはまともな査問も受けずに残忍な方法で公開処刑された。特に浙東や浙西の地主の被害は大きく、田土は没収されて官田に入れられ高い税率が課せられた。浙東学派の領袖宋濂ですら孫が胡党に連座したことで流罪を免れなかった。

胡惟庸の謀反が政治的な捏造事件であることは今日自明の事柄に属す。このとき宰相府である中書省が廃止され、古代以来存続してきた宰相が消滅した。新たに官僚機構の頂点に立った六部《りくぶ》には、長官(尚書)が六人いるため官僚の権限が分散し、皇帝権を掣肘するものが存在しなくなった。また軍事を統括する大都督府も五軍都督府に改組して軍事権を分割し、監察機関の御史台も都察院に改めて官僚への監視を強化した。殺戮の嵐が吹き荒ぶ恐怖政治のなかで、皇帝主導の機構改革が断行されたのである。

朱元璋の改革はこれだけでは終わらなかった。洪武一八年の「郭桓《かくかん》の案」では、戸部尚書(財務大臣)郭桓の汚職を口実に、六部官僚の粛清・総入れ替えが行われた。さらに洪武二三年の「李善長の獄」と二六年の「藍玉《らんぎょく》の獄」で開国の功臣もあらかた処刑し、都合一〇万人の犠牲者を出して明の絶対帝制は完成を見る。

この間、朱元璋は頻繁に官僚に対して廷杖(宮廷での棒叩き)の刑を行使したり、恣意的に「文字の獄」を起こして学者・文人を弾圧し皇帝の権威を高めることにもつとめた。文字の獄

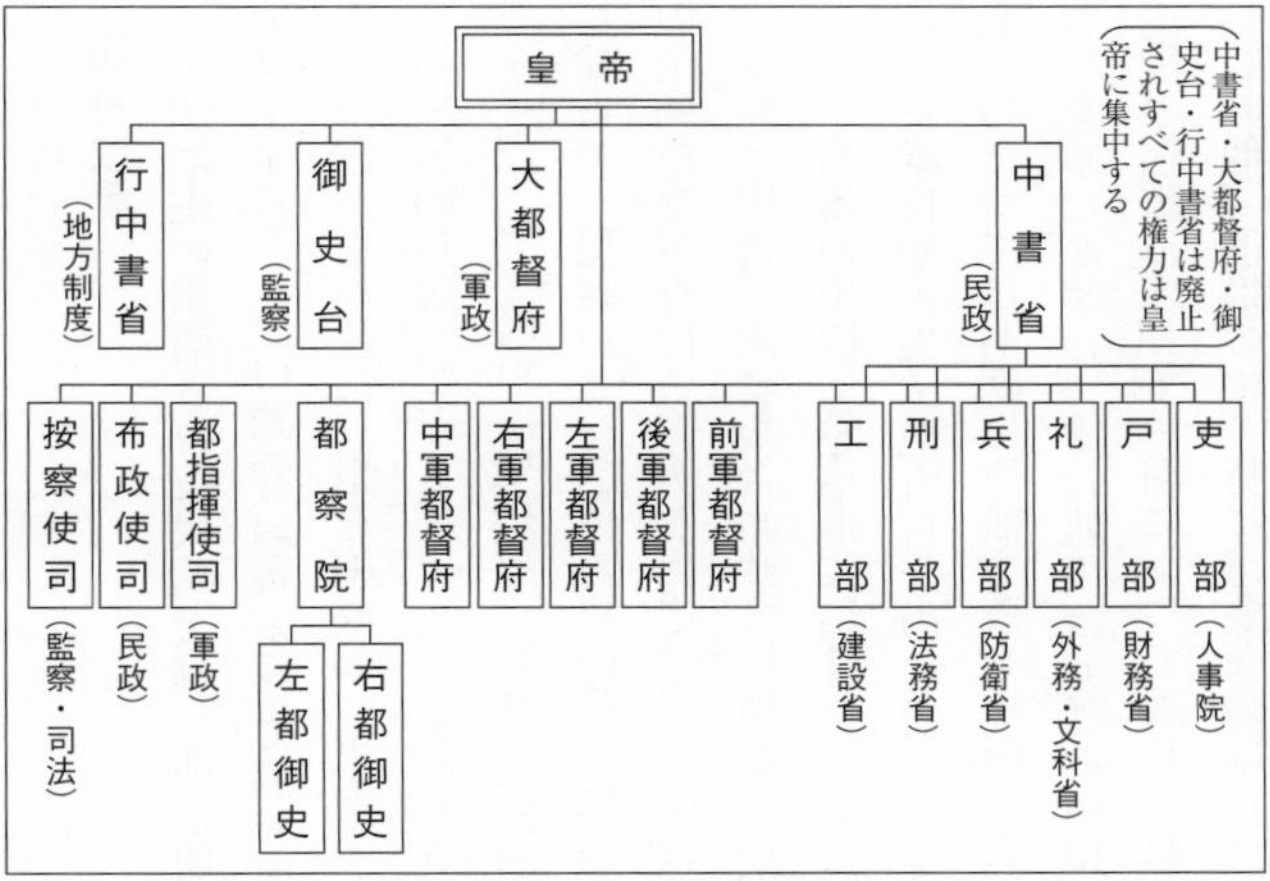

図6　明の行政機構

では托鉢僧であった自分の過去を誹謗したとして、光、禿、僧などの文字を使った者を斬刑に処したのをはじめ、あらぬ理由で難癖をつけて次々と逮捕・処刑したため、皇帝に物申す輩は完全にいなくなってしまった。

不法を働く多くの南人官僚と江南地主を粛清することで、南人政権の抱える宿弊はひとまず除かれ、強権的な政治改革で皇帝権の絶対化・神聖化も実現した。それを象徴的に示すのが五拝三叩頭《ごはいさんこうとう》（清代の三跪九叩頭《さんききゅうこうとう》）の礼である。洪武年間に始まるこの礼は、臣下が皇帝に向かって跪《ひざまず》き地面に額ずく屈辱的なもので、君臣間が比類ないほどに隔絶したことを物語る。まさに明初に成立した絶対帝制を、礼制面で可視化したのが五拝三叩頭の礼であったといえるだろう。

郷村改革

不法地主の粛清された民間では、胡惟庸の獄の翌年の洪武一四年(一三八一)正月、綿密な土地測量(丈量)と戸口調査(編審)を経て郷村組織の里甲制が全国的に施行された。郷村で隣接する一一〇戸を単位に一里を編成し、里内の各戸は「丁・糧の多寡、産業の厚薄」に基づき上中下の三等の戸等(のちには上上〜下下の三等九則)に区分された。丁・糧の多い富裕な上等戸(その多くは地主層)一〇戸を里長戸、残り一〇〇戸を甲首戸として一〇戸ずつの一〇甲に分かち、毎年輪番で一里長戸と一〇甲首戸が徭役に当たり、一〇年で一巡する。里ではこれら正管戸以外の余剰戸を帯管戸(税役の負担能力のない家は特に畸零戸《きれいこ》という)と呼び、正管戸の予備要員とした。

里長と甲首は両者を合わせて里甲といい、彼らの担う徭役には里甲正役と雑役の二種類があった。当番の里甲(現年里甲)に課せられたのが里甲正役で、里内の税糧の徴収・運搬、のちには治安維持や中央・地方官庁の必需品の提供(上供と公費)などがその内容であった。税糧の徴収に当たっては明朝は原額主義を採用したため、徴収額に不足が生じれば当番の里甲が負担せねばならなかった。また雑役は非番の里甲(排年里甲)の有力戸に不定期に割り当てられたが、徭役の軽重に応じて戸則によって課せられた。

この他、徭役の中で特に重要なのは、一〇年ごとになされた賦役黄冊の編纂である。賦役黄冊とは戸籍簿と租税台帳とを兼ねた登録原簿のことで、各戸の人丁数・田土額・税糧額等が記され、土地台帳の魚鱗図冊とともに徴税の用に供された。各里で作成された賦役黄冊は、州・県、府、布政司(省)ごとに集約され、最終的には中央の戸部に送られて保管された。表紙に黄色の紙を用いたことから黄冊と呼ばれる。

治安維持については、のちに当番の里甲は「老人(里の職役の一つ)」と里内の教化・紛争処理に当たった。老人は里内の年長かつ有徳者のなかから選ばれ、申明亭という建物で里甲とともに裁判を行った。彼らは軽微な犯罪については自ら刑を施行するなど、下級の裁判権が付与されていた。勧農・相互扶助などでも中心的役割を果たし、里民は彼らを中心に自治的に生活を営むものとされた。後述するように、里甲制は在地の地主層が主導する郷村秩序を、国家が上から再編・補強して生まれた郷村組織であった。明初体制はこの里甲制を基礎に構築されることになる。

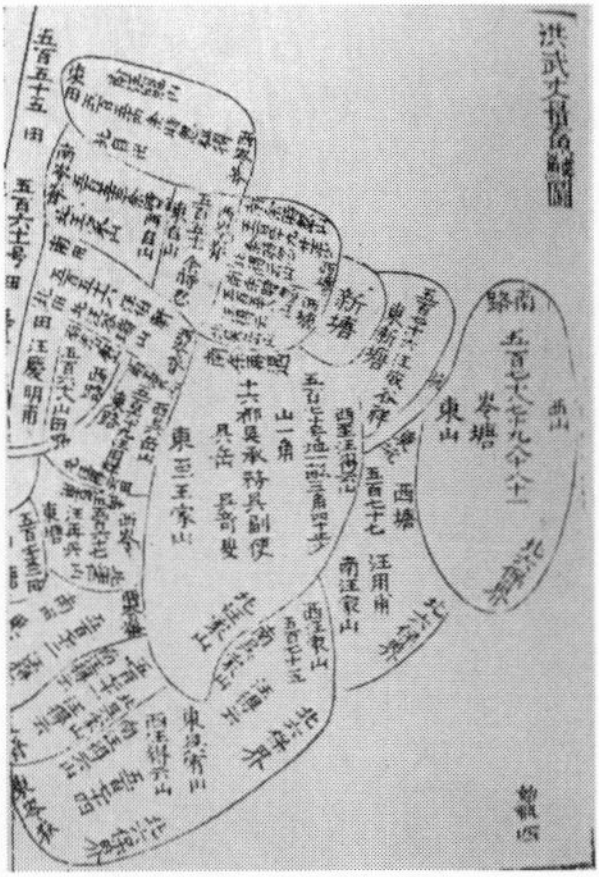

図7　魚鱗図冊

三　社会統制策と他律的儒教国家

流動性の低い社会

明初体制の特徴は職業の固定化にある。それが可能であったのも、当時がわりと流動性の低い動きの少ない社会であったことが大きい。明朝は元朝にならって戸籍制度を採用し、庶民を大きく民戸、軍戸、匠戸、竈戸《そうこ》などに分けて、流動性への動きに歯止めをかけた。民戸の多数を占める農民は里甲制に編成されて税役《ぜいえき》が課せられ、軍戸は衛所の兵士の供給源とされた。手工業者である匠戸は、首都や地方の官営工場で一定期間就役し国家の必要物資を生産した。竈戸は沿海部で強制的に製塩に従事する塩業労働者のことである。

戸籍制度の主旨は農民を土地に縛り付け、税収の確保を図ることにある。農本主義の中国では伝統的に末業である商業を軽視する風があり、明もその例外ではない。それゆえ異なる戸籍間では移動が認められず、職業は基本的には世襲するものとされた。農民が土地を離れて、商業など他の職種につくことを事前に防ぐためである。そんな農民の管理システムとして生み出されたのが里甲制に他ならない。

農民は里甲の中で行動の自由も制限されていた。彼らは里内から一歩も出ることは許されず、夜間の出歩きも禁止された上、互いの行動を監視するよう義務づけられていた。また商人も移動に際しては遠近を問わずに、職務内容や目的地を記した路引《ろいん》と呼ばれる通行証の携帯が求められた。これは一般庶民も同様で、明初には祖母が重篤となり医者を求めて遠方まで行った者が、路引の不所持で逮捕された事例もある。

庶民の間では身分的格差はなかったものの、庶民の上には官僚の家＝官戸以外に、皇帝の家族や皇帝の一族である宗室《そうしつ》(皇室)、あるいは外戚・功臣などの貴族が特権層として存在した。一方、庶民の下には隷属民である奴婢《ぬひ》や楽戸・妓女などの賤民《せんみん》がおり、庶民層からも差別視されていた。奴婢の所有は宗室以外、外戚・功臣にのみ認められていたが、実際には官僚や富裕層の家にも法律用語で雇工人と呼ばれる奴婢と変わらぬ身分の者が多数存在した。

いったい、特権層・庶民・隷属民の間の身分的格差は絶対的で、身分的上昇の手段は庶民層の科挙合格だけにほぼ限られていた。また官僚が罪を得て庶民にされたり、その家族が奴婢に落とされたりすることはあったが、総じていえば先の三つの階層の身分は法律的にも厳格に区別され、特に隷属民には上昇の機会がほとんどなかった。明初の社会は空間的・職種的な水平移動を制限しただけでなく、身分的な垂直の上下移動にも厳しい制約が存在したのである。

分の強調

そもそも全国的に里甲制が実施できたこと自体、明初の社会の流動性の低さを物語っている。当時、多くの地主は郷村に居住し(これを郷居地主という)、その大半が自らも耕作に励む手作《てづくり》地主であった。郷村を離れて都市に居住する明末の城居地主とは異なり、彼らは付近の農民との間に一定の共同体的関係を結び、郷村で指導的役割をはたしていた。もちろん、元末には地主の不法も顕在化するが、普段はこうした在郷地主の働きで農業の再生産や紛争の処理がなされ、郷村秩序は自律的に維持されていた。

明朝が不法地主の粛清後に里甲制を実施し、あらためて地主を里長や老人に任命したのは、彼らの在地での指導力に期待してのことである。里甲制下の農民に強く求められたのは、各自の「分《ぶん》」を守って生活することであった。地主には地主の、佃戸(小作人)には佃戸の分がある。国家は地主を里長や老人に任命してその地位を権威づけ、分相応の義務を負わせて里内での再生産や治安維持を担保しようとした。郷村内での上下の序列を確定し、各自の分をそれぞれの脳裏に叩き込もうとしたのである。

そのために公布したのが、「聖諭《せいゆ》六言《りくげん》」すなわち「六諭《りくゆ》」である。「父母に孝順なれ、長上を尊敬せよ、郷里に和睦せよ、子孫を教訓せよ、おのおの生理(生業)に安んぜよ、非為(非行)をなすことなかれ」。伝統的な儒教道徳を家族・同族から郷里社会に拡大し、各自の分を固定することで郷村秩序は維持される。各里に木鐸《ぼくたく》を置いて、高齢者や身障者に「六諭」を唱えながら毎月六回巡回させたのも、里民の耳に各自の分を馴染ませるためである。のちに「六諭」は民衆教化の法規である『教民榜文《ぼうぶん》』のなかに収められ、郷村統治の支配理念として重視された。『御製大誥《たいこう》』正編、続編、三編などの訓戒書で、農民の教化を図ったことも見逃せない。これらは官僚・民衆の具体的な不正の事例と残酷な懲罰のさまを生々しく記したもので、人々の恐怖心を掻き立て行動を自重させるための勧善懲悪の書であった。朱元璋は里ごとに塾を設けてこれらの諸書を配布し、塾師の指導で生徒に暗唱させたり、農民にも農閑期に講読させたりした。彼らは塾師に率いられて都に上り、礼部で暗誦の成果を披露してその程度に応じて褒賞にあずかったという。

要するに、郷村で自生的に生まれた社会秩序を国家が上から再編成し、より強固にして体制化したのが里甲制であった。農民は上から与えられた分のなかに留まることで、おのれの生命と財産を保障した。たしかにそれは為政者からすれば、れっきとした養民策ではあったに違いない。

儒教の論理

本来、儒教の天下観では天命を受けた有徳の天子が自己の徳(その実体化したのが礼)で民を教化し、民が各自の徳(礼)を実践することで天下が安定するとされる。漢代に儒教が国教化されると、従来儒家の排斥してきた法(刑)の行使が、徳の通用しない小人に対しては容認された。もちろん徳が主で法は従であるが、徳の限界を認めて法を不可欠なものとした点は、漢代以後の儒教の特徴として注意されてよい。爾来、皇帝(天子)は徳(礼)と法(刑)とをバランスよく行使することで、おのれの正当性を確保した。

とはいえ、儒教の立場では法はやむを得ず用いるのであって、法で民衆を統治するのが本意ではない。天子が徳治を目指しておればこそ、天子による法の行使は許された。だが儒教の論理が現実世界に転化した時には、儒教の理念とまったく異なる状況が出現する。皇帝は法で民衆を統制し、徳治はともすれば法の行使を正当化するための手段にすぎなくなる。秩序維持には、法による強制が最も有効であるからだ。

言い換えれば、皇帝は徳治を掲げれば刑罰を行使できたわけで、歴代の王朝が刑法典の律を制定できた根拠もまさにそこにある。法家に見紛《みまが》うばかりの朱元璋の政策も、儒教主義から必ずしも逸脱するものではなく、すべて儒教の論理で正当化された。じっさい彼の意識の中では自分は儒家の徒であり、法家の立場とは明確に一線を画していた。「いわゆる刑罰は世に軽く、世に重きなり」(『明史』刑法志一、原典は『尚書』呂刑篇)との彼の言葉は、徳治国家実現のための刑罰の行使だとの認識を、はっきり示している。

朱元璋は王朝成立直後の洪武元年を第一回目として、数度にわたって『明律』の編纂・改訂を行った。今日残っているのは最後に改訂された洪武三〇年刊の『明律』であり、明一代を通じて遵守され、変更は許されなかった。朱元璋は『明律』の編纂に力を入れ、律の条文ができ上がるたびにそれを紙に書いて壁に貼り付け、自ら吟味して決定したという。彼の法治にかける意気込みの強さを物語るものであろう。

他律的儒教国家

じつは皇帝による法治は、一面では社会の側から要請されたものでもあった。地主や知識人にとり自己の財産と生命を保障するには、現行の秩序が維持されねばならない。秩序への造反者・破壊者を取締まるためには、法を遂行する秩序の統括者が必要であった。彼らは皇帝に徳治(礼治)を望みながら、他方で皇帝に秩序統括者の権限を付託してその権力を強化した。皇帝独裁体制は皇帝個人の単なる欲望の所産ではなく、秩序維持を求める社会の要求の反映でもあったのだ。

王朝創設間もない頃、浙東学派の劉基が朱元璋に語ったことがある。「元朝の世にありましては法度は弛緩し、上の者も下の者もその弊害をこうむり、ついに元末の反乱が勃発するにいたりました。今や維新の政治を為すに当たり、まずは法令によって綱紀の粛正を図ることが肝要かと存じます」(『明太祖実録』洪武元年正月庚辰)。

養民の要諦は、まずは秩序を安定させることにある。秩序のないところに混乱が起こり、はては民の生活が破綻する。そのためにも法は厳格に行使せねばならない。朱元璋の推進した政策は、劉基をはじめとする浙東学派のそれと何ら変わらない。彼らもまた法を用いて綱紀を粛正し、それによって秩序維持と民の生活を保障しようとした。

異なるのは、浙東学派が法で秩序を回復した先に、徳治(礼治)のプランを立てていたことである。教化を通じて各自に徳(礼)を体得させ、人々が自発的に秩序を遵守するよう仕向けるのが為政者の務めだと彼らは考えた。これに対して朱元璋は人々の自発性を無視し、強制的に秩序を遵守させようとした。彼は秩序統括者としての皇帝の権力を強化し、それをもとに社会の隅々に統制を加えていった。力と強制で儒教的秩序を実現し、他律的に儒教国家を構築しようとしたのである。

明初の専制主義の高まりと絶対帝制は決して朱元璋一人の所為の結果ではない。それを支持する社会の空気が当時はたしかにあった。ただ、朱元璋の政策は社会の予想をはるかに超えて、あまりに苛烈かつ酷薄であった。元末の秩序崩壊を経験した中国社会は、狂気と信念の非人間的な皇帝を明初という時代に生み出してしまったわけだ。

理念世界と現実世界

ここで、次頁に掲げた図8をご覧いただきたい。右側が儒教のなかに描かれた理念世界、左側が現実世界である。理念世界は現実世界を踏まえたもので、民の世界である社会の三層構造も家族・宗族《そうぞく》(父系の同族集団)・郷党《きょうとう》(郷里社会)の中国固有の集団を前提としている。それぞれの集団内での指導関係も基本的秩序も現実に機能するものである。儒教は実在する社会集団を基礎に、その上に天下という場を設定して天子(君)―臣―民の天下秩序を築き上げた(奴婢等の隷属民はそこには含まれない)。

理念世界の社会の最上層の郷党では、「年高有徳」の父老《ふろう》が指導者となって郷村秩序が維持される。ただし、父老の活動の場は郷党止まりで、彼は郷党を超える能力を持たない。郷党を超えるには郷党の外の天下を知る必要があり、それは儒学的教養を身に付け知識を獲得して初めて可能となる。それを達成したのが士であり、士とは儒学を学んで徳を磨き、郷党の支持を得て天下に登場する民の指導者なのである。

士の到来を天下で待つのが、天命を受けた有徳の天子である。天子は「郷党の士」を臣下に採用し、両者協力して徳で天下の民を導いていく。具体的には養民(民の生活保障)と教民(民の道徳教化)を実践することで、民は生活を維持し自己の分を認識する。なかには徳の通用しない者が存在するが、彼らに対しては法(刑)でその行動を規制すればよい。こうして天下には一切

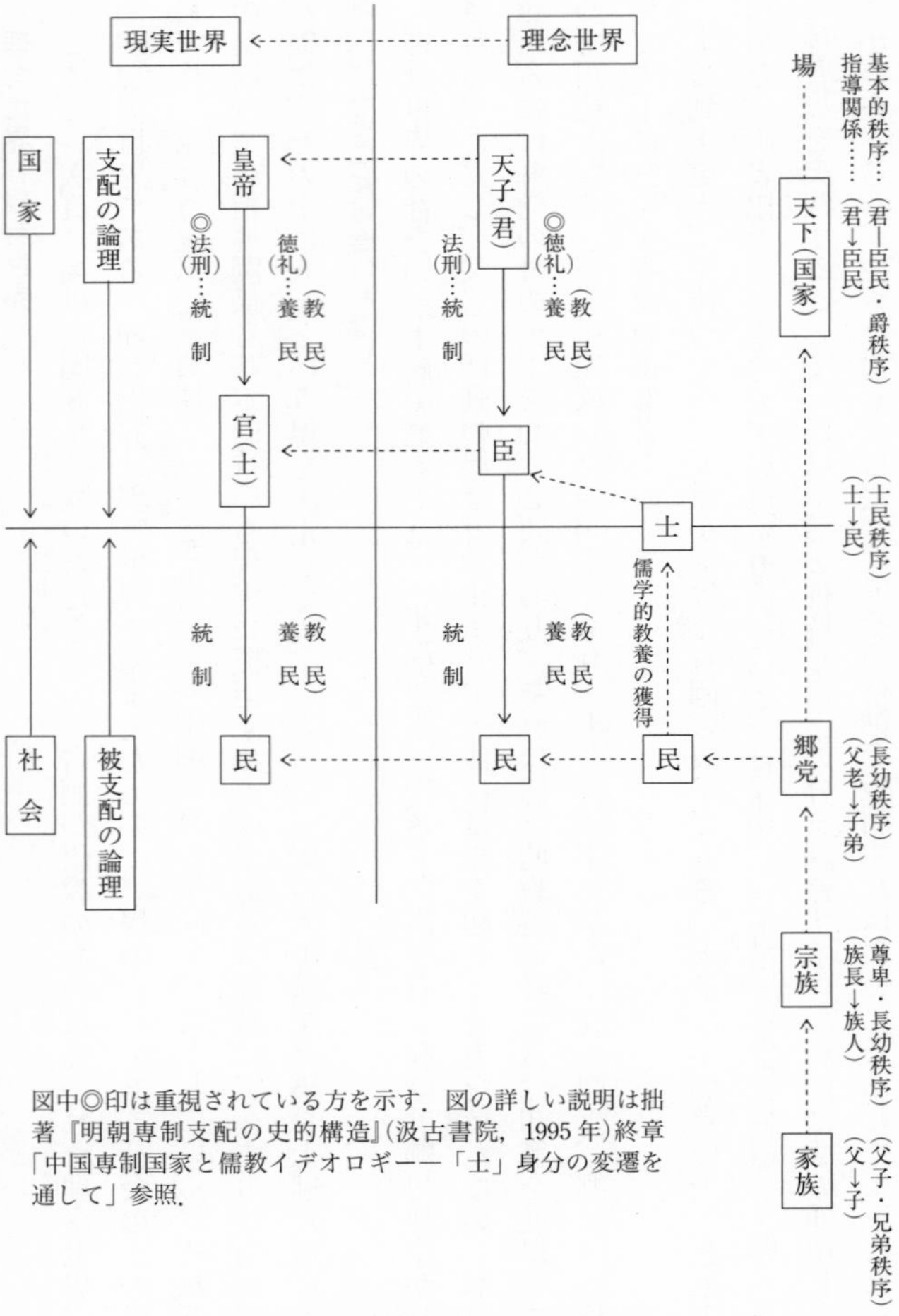

図中◎印は重視されている方を示す．図の詳しい説明は拙著『明朝専制支配の史的構造』(汲古書院，1995年)終章「中国専制国家と儒教イデオロギー——「士」身分の変遷を通して」参照．

図8　国家構造と儒教イデオロギーの関係

の対立がなくなり、一家と変わらぬ状況が出現する。これこそ儒教の目指す究極の境地、天子と臣民が擬制的父子関係となる「天下一家」に他ならない。

理念世界の天子(君)—臣—民の天下秩序に対応するのが、現実世界での皇帝—官(士)—民の身分序列である。歴代の王朝は民衆の世界に郷村組織を編成し、郷党の指導者(父老)を組織の長(里長・老人等)に任じて運営に当たらせた。また宋代以後は官僚登用制度として科挙を重視し、儒学的教養の有無を選抜の基準とした。天子は郷党に出自する儒学を体得した有徳の士を臣下に採用するという、理念世界の論理をそのままそっくり現実世界に応用したのである。

だが、理念世界が現実世界に転化したとき、理念と現実との間には当然乖離が生じることになる。それは建前と本音の違いと言い換えてもよい。指導者たる里長や老人はその地位を利用して不正を働き、有徳の士を採用するはずの科挙も利権の道具に堕して、儒学的教養はあっても徳のない官僚・知識人(士)を輩出する。彼らの行動を抑制するには、けっきょく皇帝に権力を集めて法(刑)で取締まるしかない。これもまた理論上は徳(礼)の通用しない者へのやむを得ない措置だとして正当化された。儒教の論理は理念と現実とが交錯する中で、結果として皇帝権力を強化する役割を果たしたわけだ。

身分序列の固定化

繰り返せば、現実世界では徳治を掲げさえすれば法(刑)による統制も可能であり、朱元璋はその論理に則りつつ身分序列の固定化によって秩序を確立していった。

先述したように、彼は郷村組織として一一〇戸で構成される里甲制を創出し、すべての農民をこの組織に組み込み、新たに里長(老人)—甲首の身分序列を設定した。地主層に出自する里長・老人の身分を国家権力で上から権威づけ、里内の教化・裁判・徴税・治安維持などを任せて郷村秩序を維持したのである。江南地方では県の下の区を単位に糧長が置かれ、里長を督率して税の徴収や運搬を行うことも義務づけられた。

支配層内部の身分序列の固定化も進展させられた。その前提として、朱元璋は科挙の受験を官立学校の学生(首都の国子監の監生と地方の府州県学の生員)だけに限定し、「士」身分を一つの資格として固定したことである。従来、科挙の試験は賤民あるいは喪中の者を除き、儒学的教養を持つ男性ならば誰でも受験できた(もちろん資力の面から大半の庶民はのっけから不可能であったが)。だが明以後は官立学校に入学し、そこで士身分を獲得することが先決条件となった。このことは、本来郷党に出身し、社会に軸足を置いていた士が、完全に国家の側に取り込まれたことを意味しよう。士はある意味、国家的政治的身分となって科挙体系の最下部に位置づけられたといえる。

これは郷試（科挙の地方試験）合格者の挙人も同様である。宋元時代の挙人は科挙の中央試験に落第すると、次回は再び地方試験から受け直さねばならなかった。しかし明代の挙人は終身資格となり、地方試験免除で中央試験の会試から再受験できた。そればかりか、従来は進士（科挙試験の最終合格者）のみに認められていた官僚への途も開かれ、監生ともども出仕の機会が与えられた。ただしこの措置は挙人・監生の身分が向上したというよりは、国家の社会に対する包摂の度合が一段進んだ証しとみるのがじつは正しい。明中期以降、国家の財源不足を補うために監生身分の売買（捐納）が制度化するのも、士身分の資格化で国家の差配できる範囲が拡大したことと無関係ではない。

じっさい、彼らは身分的にも進士の下に序列化され、官僚に準じた特権が授けられた。序列は優遇措置の徭役免除（優免特権）や刑罰軽減の多少、あるいは官界での昇進の上限などで示され、そのままの身分では出仕できない生員から現任の官僚にいたるまで、明確な階層的秩序が形成された。この結果、理念世界の天子（君）―臣―民秩序は、きわめて単純化していえば、現実世界では皇帝を頂点に、宗室（皇室）―貴族（外戚・功臣）―官僚―進士―挙人―監生―生員―糧長―里長（老人）―甲首―佃戸―隷属民の階層的な序列として具体化した。

国家と社会

国家と社会を貫くこの序列から、いったいどのような現実がうかがえるだろうか。

そもそも前近代の中国では国家と社会(民間)が明確に分離し、国家は徴税と治安維持でのみ社会と関わったとさえいわれる。国家の側からすれば社会は常に統制すべき客体にすぎず、歴代の王朝は社会の動向を注視しつつ、状況に応じて徳(礼)と法(刑)とを使い分けて統治した。その際、国家と社会にそれぞれ対応するのが官と民あるいは士と庶であり、この二つの身分秩序は一般にはほぼ同義のものとして理解されている。

だが厳密にいえば、官は先掲の序列では官僚以上、民は進士以下であるのに対し、士は生員以上で庶は糧長以下となる(もちろん官や士の糧長・里長も存在する)。つまり、進士、挙人、監生、生員は官ではなくて民だが、しかし庶ではなくて士だという微妙な位置にあるわけだ。明代でも狭義の意味での士は、民に出自して社会の要求を代弁する(はずの)無官の彼らを指す(官になると士大夫という)。明朝は科挙体系に繋がる彼ら士身分の者を優遇することで明確に庶と区別し、国家の忠実な官僚予備軍に仕立て上げようとした。国家による士の囲い込みである。

士庶を含む上下の身分序列を固定化するために、さまざまな面で可視化したことも見逃せない。その最も身近な例が服飾である。衣服の材質や形状、刺繍の模様・色などについて、身分ごとの細かい規定が定められた。なかでも士と庶の区別は厳格で、一般庶民は金糸の刺繍入りの衣服や綾錦《あやにしき》はもちろんのこと、装飾品に金、玉、真珠、翡翠《ひすい》などを使用することも許されなかった。そのほか乗輿《じょうよ》・住宅・傘蓋《さんがい》・日用器具など日常生活のあらゆる面で差別化がなされ、下位身分の者が上位の者を模倣すれば、僭越《せんえつ》・僭擬《せんぎ》の行為として『明律』で厳しく罰せられた。

端的にいって、儒教の理念世界は社会が国家に対して、下から上により良き支配を求めるいわば「被支配の論理」を原理としていた。本来、この論理は社会から登場する士を通して国家とリンクする。一方、現実世界ではそれとは真逆の国家が社会を統制する、上からの「支配の論理」が働いている。この二つのベクトルが相互に作用する中、国家は社会の欲求（被支配の論理）を一定程度汲み取りつつ、巧みに支配の論理を徹底させて社会への統制を強化していく。その体制的帰結が明初の絶対帝制であるならば、それに裏打ちされた明初体制がきわめて窮屈な固い体制になったのも当然である。明という時代は、この明初体制のしがらみを引きずりながら、国家と社会の相克の中で展開することになる。

第二章　明帝国の国際環境

一　中華の復興と朝貢一元体制

長城と海禁

すでに本シリーズ第3巻で見たように、元代には国家主導の重商主義的な政策が取られ、海外貿易も大々的に展開された。内地に軸足を置く大陸中国の漢や唐と異なり、宋以後「近世」は海洋中国への傾斜が強まり、元にいたって最高潮となる。それゆえ元末の張士誠や方国珍は海洋国家建設への志向性を持つ、ある意味「近世」的な群雄であった。だが方国珍は天下統一の野望を中途で放棄し、張士誠は朱元璋の軍事力の前にあえなく屈服した。この時点で元に続く海洋国家誕生の芽は、完全に潰えたといってよい。

なぜなら、大地に固執する貧農出身の朱元璋にとり、海洋世界は想像すらできない埒外の境域であったからだ。彼は王朝創設直前まで、海洋ないし海外貿易に関心を示したことはまったくない。北伐に際して「漢唐之威儀」の回復を唱えたように、彼の目指したのは漢・唐に代表される中原に都を置く大陸中国であった。その政策が一事が万事、大陸側からの視点になるのもやむを得ない。

だが王朝成立と同時に、明は海洋からの手痛いしっぺ返しを食らうことになる。方国珍・張士誠配下の海上勢力が、リーダーを失い捨て鉢になって一斉蜂起したのである。特に方国珍水軍の主力であった明州(元の慶元。洪武一四年以後は寧波《ニンポー》。本書では以下、寧波に統一)沖の舟山群島の海民集団は屈強であった。彼らは各島でそれぞれ元帥を名乗る「海上の土豪(明側の呼称)」に率いられ、日本から押し寄せる倭寇を引き込み、徹底して明の攻撃に抵抗した。おそらく大陸国家・明の統制的な支配と先行きの見えない不安感が、自律的な彼ら海民の反発心を駆り立てたのであろう。

図9　舟山島の定海港(2001年当時)

この反乱の最中に明が発令したのが海禁である。沿海部の住民の出海を禁止して海上勢力との結託を防ぎ、海上の混乱を鎮定しようとしたわけだ。海洋を陸地から分断するこの措置は、海禁が大陸目線の国家本位の施策であることをものの見事に物語る。海禁の目的は沿海部の治安維持つまり海防にあり、無秩序な遠心力の働く沿海部にくさびを打ち込み、新王朝への求心力を高めて安定的な秩序を再編することに最大の狙いがあった。

一方、北に目を転じれば、大都を去った元朝はその後も北元と呼ばれて明の脅威であり続けた。特に大将軍徐達に率いられた明軍が、洪武五年にトラ河畔(モンゴル国ウランバートル西方)で大敗北を喫して兵士数万人を失ったことは、明にとって大きなトラウマとなる。明の対モンゴル政策はこれを契機に攻勢から守勢に転じ、以後、万里の長城地帯に多数の軍隊を配置して、北辺防衛体制を強固にすることが国是となった。

北方では長城によってモンゴルとの間に境界を設け、沿海部では海禁によって倭寇や海上勢力を陸地から遮断する。明の対外政策はこの二つの方針を基調とするが、特に海洋の比重が増した明代では海禁の果たした役割が大きい。海禁は海防ばかりか朝貢貿易の管理や国際秩序の維持など機能が多様化し、周辺諸国に決定的な影響をおよぼすようになる。その実相はどのようなものであったか。まずは当時の国際情勢から眺めることにしよう。

明初の国際情勢

元明交替が起こった一四世紀後半には、周辺諸国の中でも大きな政治的変動が生じていた。朝鮮半島にある高麗王朝は、一三世紀前半にモンゴルに制圧されて以来、日本遠征(文永・弘安の役、いわゆる元寇)のための前線基地として過度の負担を強いられるなど、常に属国としての悲哀を味わってきた。さらに一四世紀後半には倭寇の襲来で痛手をこうむり、王朝も衰退に向かい出す。やがて一三九二年、倭寇討伐で名を挙げた武官の李成桂が高麗に叛き、恭譲王を追放して(のちに殺害)朝鮮王朝(李氏朝鮮)を創設した。

同じ世紀、日本でも鎌倉幕府が滅んで南北朝の動乱期に突入していた。天皇家が吉野の南朝と室町幕府の支持する京都の北朝に分立・抗争し、「観応の擾乱」など幕府内での紛争もあってなかなか混乱は収まらなかった。最終的には南北朝の分立後、半世紀以上を経て第三代将軍足利義満によって統一されるが、それが朝鮮王朝の成立した同じ年の一三九二年。朝鮮も日本も、一四世紀が激動の世紀であることに変わりはなかった。

東南アジアの大陸部に目を移すと、ベトナム(大越《だいえつ》)の陳朝も一四世紀半ばの民衆反乱や政界内部の混乱で弱体化し、一四〇〇年に外戚の黎季犛《れいきり》によって滅ぼされる。ベトナムはほどなく明に併合されるが、それについては後述しよう。またタイでも一四世紀半ばにアユタヤ朝が興り、海洋では新興国家の琉球が台頭してくるのが一四世紀後半。同じく東南アジアの島嶼部ではジャワのマジャパヒト朝の混乱にともない、マレー半島に港市国家マラッカが勃興して一五世紀の繁栄を迎えようとしていた。

一四世紀の全般的な危機の中で、中国も周辺諸国も国内統治が揺らぎ、それにともない国際秩序も流動化した。その間隙を突いて海上に跋扈したのが日本発の倭寇である。だが各国の国内統治が修復されるにつれ、国際秩序も当然回復が兆しだす。その中核となるのはもちろん中国であり、当時国内で統制的な体制構築を進めていた明は、その方針をそのまま国外にも拡大した。やがて絶対帝制下の明を中心に窮屈な国際秩序が出現すると、明は周辺諸国の意向をよそに、大陸中国の大国の論理で国際政治を主導していくことになる。

国際秩序の回復

明による国際秩序の再建は、王朝創設後ほどなくして開始された。洪武元年一一月以降、大越《ベトナム》(明では安南と呼ぶ)、占城《チャンパ》(ベトナム南部)、高麗、日本などに使者を派遣し、朝貢をうながしたのである。このうち日本への使者は、五島列島付近で倭寇に殺害されたが、他の三国は明の要請にこたえて朝貢したため、明は冊封使を派遣して国王を冊封した。

朱元璋が朝貢を呼びかけた国は洪武三年末時点で十数カ国に上り、この間、日本にも連年のように使者が派遣された。ただ当時の日本は先述したように南北朝時代であり、統一的な権力が存在していなかった。明は大宰府の南朝方の征西将軍懐良《かねよし》親王を日本国王として処遇したため、日本国王良懐《りょうかい》(明では懐良を良懐とする)名義の使者は頻繁に入貢したが、将軍足利義満の使者は義満が陪臣だという理由で入貢が許されなかった。室町幕府が正式に明と通行を始めるのは、第三代永楽帝の時代を待たねばならない。

朱元璋がここまで周辺諸国の朝貢にこだわった理由は他でもない。まずは国防上の問題に起因する。明からすれば周辺諸国をなべて朝貢国とし、東アジアに国際秩序を確立せねば安全保障は担保されない。なかでも日本を冊封して臣下にすることは、倭寇の被害に悩む明にとり必要不可欠であった。日本招撫に何度も失敗しながら朝貢を求め続けたのは、日本を手なずけ倭寇の被害をなくすためであった。

もちろん、朝貢制度は国防だけでなく、新王朝の明の正当性の確立にも当然貢献した。歴代の王朝が真っ先に手がけたのは礼の制定であり、それは明も変わらない。伝統的な儒教観念からいえば、礼こそ秩序維持の要諦であり徳治の証しであった。朝貢という礼を実践することで、明の皇帝と周辺諸国の国王との間に君臣関係が生まれ、礼的秩序が成立する。先の三国(ベトナム、高麗、占城)が初めて入貢してきた時、朱元璋は朝貢儀礼や冊封儀礼を詳細に制定し、礼治国家としての体裁を整えそれを実践した。

朱元璋は周辺諸国との間に礼に基づく国際秩序を樹立し、東アジアと自国の安定を回復しようと考えていた。それは明国内の秩序の外延に周辺諸国を位置づけ、礼を通して中華(華)と夷狄(夷)の共存する世界を実現することであった。そうすることによって初めて、元に代わった明の正当性も確保できよう。じっさい洪武年間だけで一七の海外諸国が入貢し、朱元璋もことあるごとに「華夷を統一す」とか「華夷に君主たり」との言辞を発して、華夷統合の実績をアピールした。中華の天子としての国際秩序の確立にかける強い思いを、この言葉に見て取ることも可能であろう。

海外貿易の継続

明初に海禁が実施されたことで、海外貿易も同時に禁止されたと思われがちだが、正確にいうとそうではない。元代以来の民間貿易は依然行われ、日明間にあっても一般商船が東シナ海を行き交っていた。義堂周信と並ぶ五山文学の双璧である絶海中津が、肥後の高瀬から民間船に乗って入明したのが明朝の成立した洪武元年の末。まさに明朝が海民勢力の蜂起に手を焼き、その対応に追われて海上の騒々しい時であった。

すでに王朝成立直前の呉元年一二月、明は太倉(江蘇)の黄渡鎮に貿易管理機関の市舶司を置いて海外貿易を始めていた。かつて張士誠の支配下にあった黄渡鎮の貿易施設を、そのまま使用したのであろう。だが、黄渡鎮から首都南京までは長江をさかのぼれば指呼の距離。貿易をめぐる紛争がいつ南京に波及するとも限らない。

当時、海商たちは海賊の襲撃に備えて武装しており、なかには海賊か海商かの区別のつかない連中すら存在した。元末の寧波では日本人海商がたびたび港でトラブルを起こし、時には武器を取って略奪や放火まで働いた。事態を恐れた元朝は、日本船の来航を元統三年(一三三五)以後はしばらく禁止したほどである。混乱した状況はそのまま明初に受け継がれ、外国船の来航する港はある種の戦場であった。

案の定、黄渡鎮でも問題が発生し、南京に飛び火するのを恐れた明は、洪武三年に黄渡市舶司を廃止する。ただし、海外貿易に魅力を感じていた朱元璋は、南京から離れた広州(広東)、泉州(福建)、寧波(浙江)の三カ所に新たに市舶司を設けて海外貿易を継続した。のちに寧波は日本、泉州は琉球、そして広州は東南アジア諸国向けの港となる。

沿海部で海民や倭寇が暴れまわっているころ、中国の海商は普通に海外諸国に出向き、また外国商人(蕃商)も中国に来航しては盛んに商取引を行った。海禁によって海民や沿海部住民の出海を禁止しながら、明は内外の海商の交易だけは容認していたわけだ。

海禁＝朝貢システム

ところが洪武七年(一三七四)九月、明はすべての市舶司を突然廃止する。無秩序な沿海部の安寧を取り戻すために、海民や沿海部の住民だけでなく、海商も含めたすべての民衆の出海を禁止し、蕃商の来航も禁止したのである。ここにいたって宋元以来の民間の海外貿易は、完全に途絶することになった。

前章で述べたように、明は現物経済を維持するために洪武八年に金銀使用の禁令を出し、南北共通通貨の大明宝鈔を発行した。まさに南北同等支配の推進中に市舶司を廃止したわけで、この事実の持つ意味は決して小さくない。海外貿易を行えば当然商品経済をうながし、現物経

済を侵食することになる。とりわけ市舶司はすべて銀経済の盛んな江南の地にあり、貿易の継続は銀経済をいっそう伸展させかねない。それは南北同等支配の趣旨にも反し、北と南の格差の拡大にも繋がるだろう。けっきょく明朝は財政収入よりも国家の安定を優先させて、市舶司の廃止へと一気に突き進んだのである。

民間貿易の全面禁止は、周辺諸国の明との交易を朝貢貿易だけに限定した。朝貢貿易とは周辺諸国の朝貢時になされる官営貿易のことで、貢物と回賜の交換および朝貢船に積載された付帯貨物の取引の総称である。明朝は貿易を好餌に周辺諸国を冊封し、君臣関係を設定して国際秩序を確立した。ここにいたって海禁は民間貿易(つまり密貿易)を取締まるばかりか、朝貢制度を運営する上での補完装置ともなったのである。国際交流が朝貢制度に一本化したこうした体制を、今日では朝貢一元体制という。中国史上、正真正銘の朝貢体制が完成したのは、後にも先にも明初をおいて他にはない。

繰り返せば、海禁は第一義的には海防を目的とし、沿海部の治安維持こそ明朝の最大関心事であった。だが、民間貿易の禁止で国家の貿易独占という恰好の事態が生じ、二義的には貿易管理、ひいては国内経済の統制という役割も担うにいたる。さらに周辺諸国がこぞって朝貢したため、国際秩序の形成・維持にも大きく貢献した。海禁と朝貢制度とが連結して、一つの国家システムが形成されたわけで、筆者はこれを海禁＝朝貢システムと呼んでいる。

華夷のせめぎあい

海禁＝朝貢システムのもと、明朝はきわめて厳格な対外政策を実施した。周辺諸国は冊封されて朝貢国になると、さまざまな制約をこうむった。先に冊封・朝貢礼について触れたが、さらに貢期（朝貢年次の間隔）やのちには貢道（朝貢のルート）、あるいは入国地点も朝貢国ごとに規定された。例えば東南アジア諸国の多くは、貢期は三年一貢、入国地点は広州で、あとは陸路と河川を通って南京に上京するものとされた。この他、朝貢時には必ず国王の表（皇帝に捧げる国書）を持参せねばならなかった。

洪武一六年（一三八三）四月には新たに勘合制度が始められた。勘合とは正

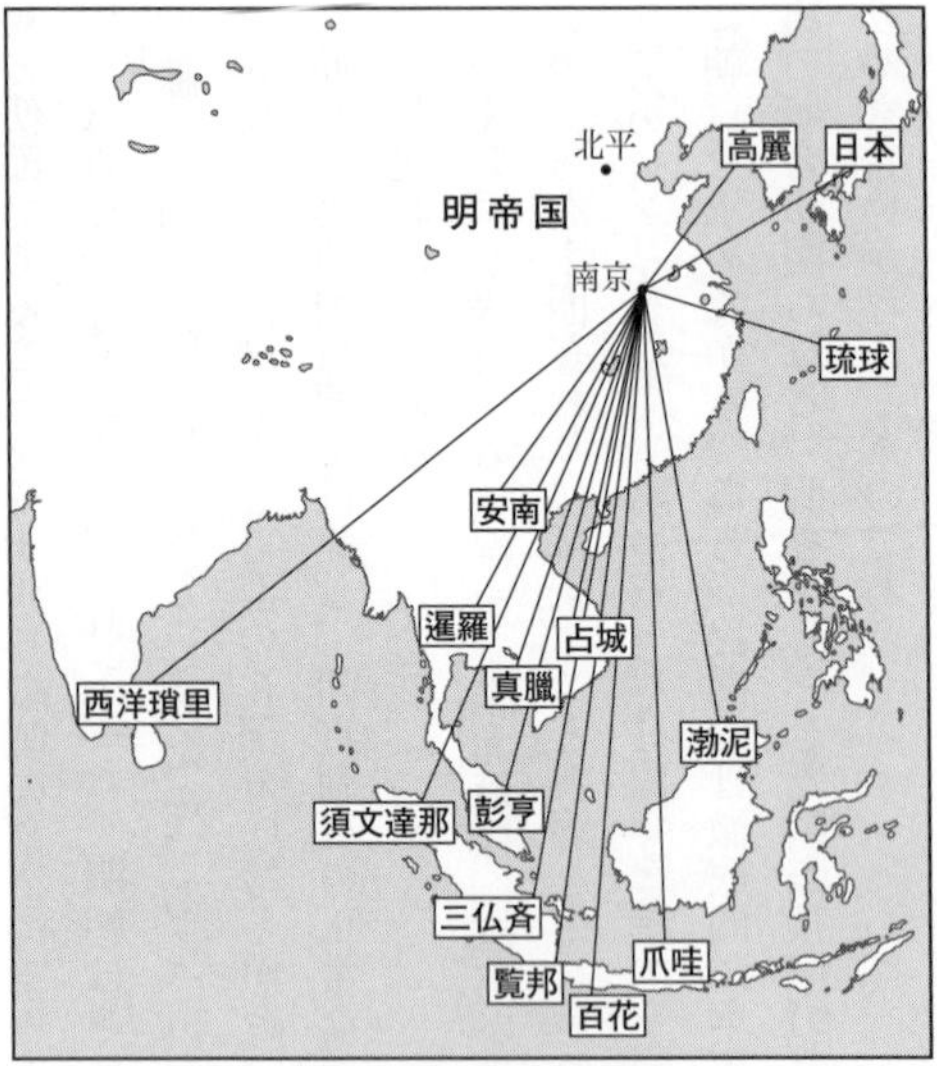

図10　洪武時代の朝貢図

規の使節であることを証明する紙製の割符のようなもので、底簿(台帳)とセットで従前より国内では官庁間などで用いられてきた。明朝はそれを国外にも援用し、まずは暹羅《シャム》、占城《チャンパ》、真臘《カンボジア》の三国に勘合百道(枚)を与えたのである。引き続き他の国にも漸次給して入貢時の携帯を義務づけ、入国地点と首都の礼部で底簿と照合して使節の真偽を確認した。明朝は勘合制度を通して偽装朝貢使を排除し、朝貢制度の正常な運営によって、周辺諸国への統制をよりいっそう強化したのである。

多くの国が来貢する状況を、朱元璋は「華夷を統一す」「華夷に君主たり」と表現したが、この文言を字面どおりに解釈すると誤解を生じかねない。なぜなら、明朝は長城と海禁とで夷(北方のモンゴルや東南方の倭寇・海外諸国)を華から完全に遮断し、その上であらためて夷の君主に朝貢を求めたからである。民間では徹底的に華夷の分離を進めながら、国家間では熱心に華夷の統合が図られる。明を中心とした国際秩序の背景には、分離と統合をめぐるこんな華夷のせめぎ合いが存在したのである。

朝貢国の減少

民間での華夷の分離策は洪武朝も後半になると、一段と強化された。倭寇の活動が活発化し出したため、沿海部に多数の城砦や衛所を設置し、数万人規模の兵士を増員して強固な海防体

制を築いたことだ。浙江・福建では倭寇を手引きするのを恐れて、漁民の出漁すら禁止された。さらに山東から広東にいたる沿海島嶼部の住民を根こそぎ大陸部に移し、島嶼部の無人化で倭寇の拠点作りを阻止するなど、後世「国初、寸板も下海するを許さず」(『明史』朱紈伝)といわれるほどの徹底した措置が施された。本来ならば、これらの施策は国際秩序の正常化に寄与するはずだが、もはや華夷の分離しか念頭にない朱元璋には、国家間の華夷の統合など二の次になっていたらしい。

図11　倭寇に備えた城砦・崇武古城（泉州市恵安県）

やがて倭寇の本場の日本への仕打ちで、明の対外方針は決定的となる。朱元璋はたびたび日本に倭寇の禁圧を命じていたが、日本国内の南北朝の混乱で一向に効果が上がらなかった。しびれを切らした彼は洪武一三年の胡惟庸事件を蒸し返し、日本が宰相胡惟庸と通謀して明の転覆を企んだと難癖をつけ、日本を一方的に悪玉に仕立て上げて関係を絶った。洪武一九年(一三八六)一〇月のことだ。しかも懲戒の意味を込めて、子孫に対して『皇明祖訓』の中で日本との永遠の国交断絶を厳命し、日本や朝鮮など「不征の国」一五を列挙して無用な対外遠征も禁止した。

総じていえば、洪武朝後半になると朱元璋の対外政策は内向きとなり、海禁・海防を強化して専守防衛に専念するだけで、朝貢国の招致には不熱心となった。朝貢一元体制の統制的な対外政策の影響で、朝貢国の数もすっかり減少した。あまりに窮屈で堅苦しい明の対外方針に、嫌気がさした面もあったのだろう。朝貢国は琉球などわずか数カ国を数えるだけとなり、「華夷を統一す」「華夷に君主たり」という情景は今や昔話となっていた。

二　永楽帝の積極外交

建文という時代

洪武三一年(一三九八)閏五月、朱元璋が七一歳で波乱の一生を閉じると、早世した皇太子に代わり、わずか二二歳の皇太孫朱允炆《しゅいんぶん》が即位した。第二代皇帝建文帝(在位一三九八〜一四〇二)である。

建文時代の何よりの特徴は、朱元璋時代に抑えられていた南人が主導権をにぎったことである。帝の政治顧問の翰林侍講学士(国立アカデミー博士)方孝孺《ほうこうじゅ》、政策主導者の太常寺卿(祭祀・礼楽を司る役所の長官)黄子澄《こうしちょう》、兵部尚書(防衛大臣)斉泰、彼ら三人が政権の中枢を担ったが、それぞれ浙江、江西、江蘇出身の南人であった。彼らは朱元璋の晩年と同じく政治スタンスは内向きで、国際政治への関心はほとんどうかがえない。

このうち浙東学派の領袖である方孝孺は、若い建文帝を周の成王、自身を周公に見立てて、聖王の御世《みよ》の実現に向けて政務に没頭した。創業期の法治を、守成期の徳治に転換することを、彼は畢生の務めと心得ていた。だが、朱元璋が評した「文詞にのみ長じた南人」よろしく、『周礼《しゅらい》』にならった彼の理想主義的政策は建文帝の政治的未熟さと相俟って、必ずしも現実政治に活かされることはなかった。

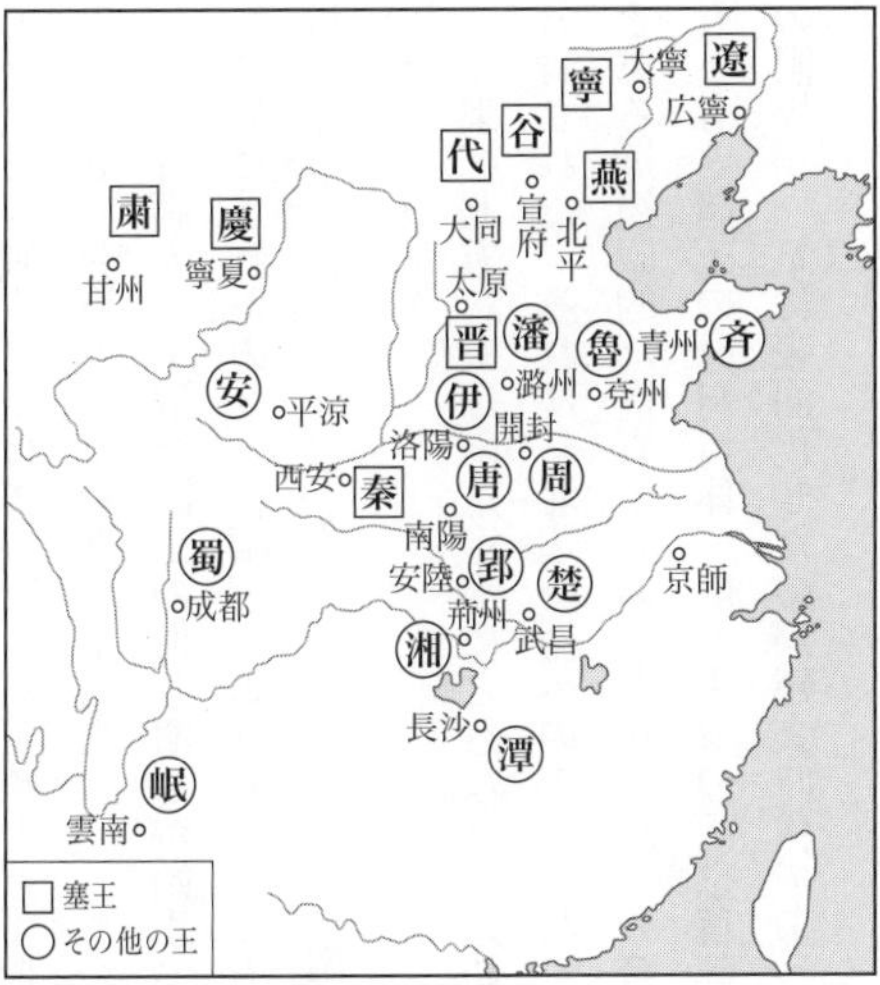

図12　諸王分封図

他方、内向きの視線が北方諸王に向かったのが、黄子澄と斉泰である。当時、国内には朱元璋の諸子が分封され、特に長城地帯には塞王《さいおう》と呼ばれる王たちが、北辺防衛のための守りを固めていた。なかでも元の都大都（明の北平）に封ぜられたのが、朱元璋の第四子燕王朱棣《しゅてい》である。彼はたびたび軍隊を率いてモンゴルの地に出撃し、朱元璋に「朕に北顧の憂いなし」といわせるほど赫々《かくかく》たる戦果を上げていた。秦王樉と晋王棡亡き後、諸王の最年長となった燕王は、若い建文帝にとり気懸かりな存在であった。

黄・斉両人の主導で諸王の取り潰しが始まったのは、建文帝の即位後間もなくである。最初に標的にされたのは、日頃から素行も悪く勢力もそれほど強大ではない五人の王（周王、斉王、代王、湘王《しょうおう》、岷王《びんおう》）たちであった。もちろん、南京政府の最終目標が北平の燕王にあったことはいうまでもない。

元来、北方諸王は南京定都にともなう北辺防衛の後退を、彼らの軍事活動で補完する目的で分封された。それゆえ北辺防衛へのテコ入れもせずに削藩だけすることは、モンゴルへの警戒を怠る近視眼的な措置でもあったが、燕王の脅威を前に背に腹は代えられなかったのだろう。もともと諸王の分封自体、南人主導の南京首都体制の窮余の策であり、その意味では南人政権の限界が一気に表面化したのが建文時代であったともいえよう。

奉天靖難

南京側の強圧に抗して燕王が北平で蜂起したのが建文元年（一三九九）七月。彼は君側の奸を除いて国難を靖んずることを大義名分とし、麾下の軍隊を「靖難の師」と名づけて、天命に基づく義挙（奉天靖難）であることをアピールした。戦役にちなんで「靖難の役」、また変事であることから「靖難の変」と称されるこの内戦は、四年にまたがり国土を混乱に陥れ、最後は燕王側の勝利で決着する。燃え盛る南京の紫禁城内で建文帝は行方不明となり、彼の遺体は最後まで発見されることはなかった。

圧倒的に優勢な南京側が敗北した理由として、燕王の軍才や戦闘経験の豊富さ、対する建文帝の経験不足や優柔不断な性格、あるいは朱元璋の粛清で南京側に名将がいなかったことなどがよく挙げられる。だが一言でいえば、建文政権の主導者たちが意思統一をしないまま、別々に理想主義の追求や現実路線の削藩を推進し、それをまとめるべき建文帝にも指導力が欠如していたことが最大の敗因であろう。建文政権は燕王に打倒されたというよりは、自己崩壊を遂げたというのが実状に近い。

図13　永楽帝

建文四年六月、燕王は灰燼のくすぶる敵地南京で皇帝に即位した。第三代皇帝永楽帝（在位一四〇二～二四）である。廟号は太宗。のちに彼と同じ外藩から帝位についた嘉靖帝（在位一五二一～六六）が成祖と改めたので、一般には成祖永楽帝といわれる。彼は即位と同時に洪武時代の制度や法律を復活し、洪武政治の継承を掲げて建文年号を歴史上から「革除」すると、洪武年号をそのまま使用して翌年を永楽とすることにした。戦後処理では建文官僚の多くが永楽帝に忠誠を誓うなか、最後まで節を曲げずに抵抗した者を奸臣とし、家族ともども抹殺して建文色の一掃を図った。その年（建文四年）の干支にちなんで「壬午殉難」と呼ばれるこの粛清で、一万人以上が命を落としたといわれる。

削藩主導者の黄子澄は首悪の筆頭に置かれ、首悪第二の斉泰ともども市中で惨たらしく殺された。ただ浙東学派の領袖方孝孺については、永楽帝は彼を赦して即位の詔を書かせるつもりであった。彼の背後に連なる知識人を籠絡するには、方孝孺を抱き込む必要がある。だが原理主義者の方孝孺が簒奪者の要請に応じるはずもなく、怒った永楽帝は彼を含む一族・知友・門生あわせて八七三人を処刑し（いわゆる「滅十族」）、無数の者を流謫した。永楽帝とすれば、国初以来の浙東学派の系譜を断ち切ることで、南人政権の理念を抹消したのである。

モンゴル帝国の残影

「靖難」はある意味革命であり、洪武と永楽の間には断絶があるとされる。たしかに外政面では前者が晩年には内向きで閉鎖的になったのに対し、後者は一貫して外向きで開放的だといってよい。また内政面でも、永楽朝では内閣制度の新設や洪武朝に反した宦官の重用、さらには南京から北京への遷都などが行われ、永楽朝を起点にその後の明代史は展開した。表面的に見れば洪武と永楽の間には断絶があり、永楽帝を明朝第二の創業者とみなす見解も、そうした事実と無縁ではなかろう。

とはいえ、永楽帝は決して彼独自の政策を始めたわけではない。彼が初めて実施したとされる内閣制度にしても、もとは朱元璋時代の秘書官的な殿閣大学士を、機密参与の諮問機関に改造したにすぎない。また文化事業の『四書大全』『五経大全』等の刊行も、他律的儒教国家を企図した朱元璋と、その発想は何ら変わらなかった。『大全』を科挙のための国定教科書にして朱子学を官学化し、知識人の思想を統制することで既存の秩序を固定化しようとしたわけだ。

結論を先取りすれば、永楽帝の政治スタンスは彼の言葉通り朱元璋の政策を継承し、さらに発展させることであった。それは朱元璋が最後まで達成できなかった二つの目標。国内的には南人政権から統一政権への脱却。対外的には華と夷の統合、すなわち中国中心の国際秩序を確立することに他ならない。永楽帝はこの二つの課題をそっくり受け継ぎ、実現に向けて努力した。ただし彼の場合、そこにもう一つの課題が加わった。簒奪によって即位した自己の地位の正当化である。

彼が目指したのは、誰もが認める真天子の形象を作り上げる中で、先の課題を解決することであった。具体的には天子の徳を慕って多くの夷狄が中華に朝貢し、華夷の間に礼的秩序の確立した天下を現出することであった。それには父の実現できなかったモンゴルを制圧し、華夷全体に君臨して「永楽の盛時」を実現するしかない。幸いというべきか、永楽帝には打ってつけのモデルがすぐ間近に存在した。彼の住み慣れた国際都市・北平(元の大都)を中心に、史上初めて華夷を統合した元の世祖クビライである。

既述の通り、モンゴル帝国が崩壊した後、各地に誕生した大型の帝国の中で明のみモンゴルの否定を国是とした。朱元璋も即位と同時に胡服・胡語等をいっさい禁止し、モンゴル色を一掃して中華の回復を大方針とした。だが、世界帝国モンゴルの威容とその残影は、明人の心の中にも深く刻まれ一朝一夕には消滅しなかった。永楽帝が自己の即位の正当化のために、クビライの事績を追求したとしても決して不思議ではない。彼はそれを中国的論理で読み替え、真天子であることの拠り所にしようとした。永楽時代の活発な対外政策の裏には、モンゴル時代を経験した明初の時代性と永楽帝の非合法な即位という、こんな二つの特殊事情があったのである。

天下の拡大

永楽帝の対外政策は周辺諸国に即位詔をもたらすことから始まった。真っ先に応じたのは朝鮮で、さっそく慶賀の使者を派遣すると翌年には建文帝の授与した金印を返還し、あらためて永楽帝から冊封を受けた。永楽元年(一四〇三)二月のことである。

同年、日本の足利義満も使者を派遣してきた。すでに建文年間に明との国交を回復していた彼は日本国王として朝貢し、永楽帝によって正式に冊封されて金印および勘合百道を賜った。倭の五王の最後の朝貢から約九〇〇年、日本は久方ぶりに中国の臣下となったのである。

日本国内に反対論もうずまくなか、義満があえて冊封された理由は日明貿易の利益にあった。これ以後約一五〇年間、日明貿易が行われるが、義満時代には毎年のように双方の船が行き交い蜜月ぶりが示された。その際、義満は倭寇に拉致された明人や捕縛した倭寇を明に送り、見返りに多くの賞賜にあずかった。永楽帝は義満の忠誠ぶりを評価し、彼が永楽六年に死亡すると弔問使を派遣して恭献王という諡号を贈ったほどである。

図14　足利義満

永楽帝が日本を重視したのは、まずは倭寇対策のためには日本の協力が必須であったこと。その効果もあってか、永楽年間に倭寇の活動が次第に鎮静化する。加えて、日本が明に臣従したこと自体にも大きな意味があった。あのクビライの求めた朝貢ですら拒絶した日本が、自ら進んで臣下になったのである。この事実は永楽帝の自尊心をくすぐり、国内向けにも彼の正当性を高めたに違いない。永楽帝と義満は持ちつ持たれつの関係にあり、それが国家間の良好な状態を生み出していたといえる。

日本とは逆に、永楽帝の譴責を受けたのが南の中華を自負するベトナムである。明に冊封された陳朝の王が外戚の黎季犛《れいきり》あらため胡季犛父子に簒奪されたことで、永楽帝は公称八〇万人の軍隊を派遣し、永楽五年五月に全土を制圧して内地化する。建前上はベトナムが礼に背いたことへの報復つまり「問罪」ではあるが、彼を出兵にまで駆り立てたのはやはりクビライの幻影ではなかったか。クビライが最後まで攻略できなかったベトナムを併合することは、日本の冊封と同様、何にも増して重要なことであった。永楽帝の死からほどなく当地が放棄されたことからも、その事実がうかがえよう。

南のベトナムとは別に、北に向かっても明の領土は拡大した。東北方面(明代の遼東)で狩猟・遊牧・農耕を行うツングース系の女真《ジュシェン》族に対し、積極的に招撫策を施したことである。この役目を担ったのがジュシェン人の宦官イシハであり、彼は永楽九年以来、艦隊を率いて黒竜江下流に進出し、当地にヌルカン都司という軍事機関を置いて東北経営を行った。このため、洪武年間にはわずか五つであったジュシェン族の羈縻《きび》衛所(部族長に明の武官職を与えて間接的に部族を統治する組織)が、永楽時代には二〇〇余りに増加し、明の支配下に置かれた。

当地はかつて渤海《ぼっかい》、契丹《キタイ》、金などの異民族王朝の統治下にあり、いわゆる中国の版図に入るのは元の時が初めてである。つまり永楽帝とすればクビライと肩を並べるためにも、是非とも

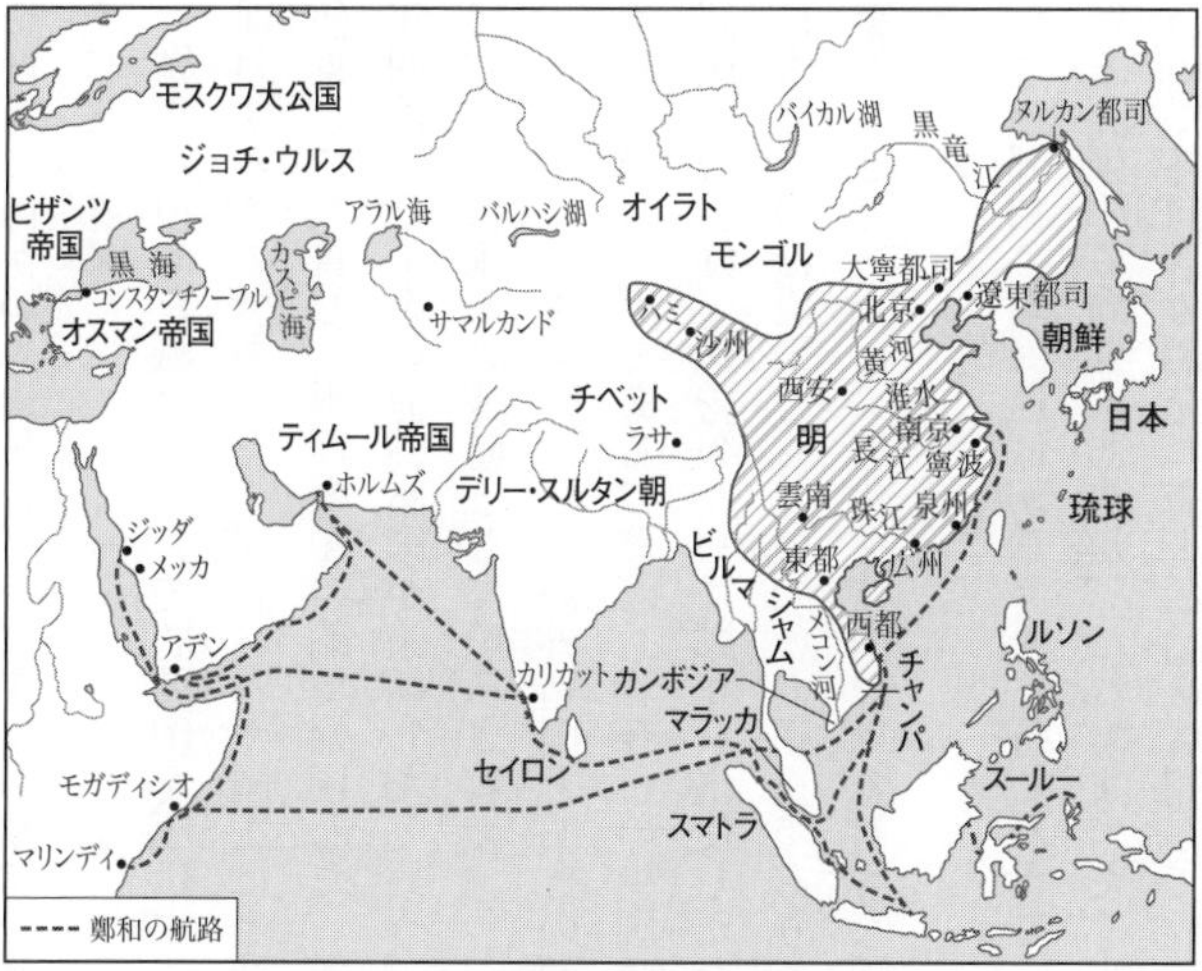

図 15　永楽時代の明の版図と鄭和の南海遠征航路

支配下に置いておくべき境域であり、ベトナムとは別の意味で失うわけにはいかなかった。北と南への天下の拡大は、永楽帝が真天子になるための布石でもあったのだ。

鄭和の南海遠征

華夷の統合に向けて大々的に実施したのが、永楽三年に始まる鄭和の南海遠征（中国でいう「鄭和下西洋——鄭和の西洋下り」）である。イスラム教徒の宦官鄭和を総司令官として、前後七度（最後は宣徳年間）挙行されたこの大遠征は、第一回目の規模だけ見ても戦艦六二隻、兵士二万七八〇〇余名という空前絶後の大事業であった。訪問地も当初は東南アジア諸国からインドのカリカットまでであったのが、第四回以降はさらに西方に向かい、最後はアラビア半島やアフリカ東海岸にいたり、別働隊はメッカ巡礼を行ったほどである。

鄭和が担った職務は武力で訪問国を圧伏するのではなく、軍事的威容を背景に訪問国の王を冊封することであった。冊封された国王は当然朝貢使節を派遣するが、彼らは鄭和艦隊の船に便乗して入貢し、再び鄭和の船で帰国した。鄭和が頻繁に航海を行ったのはそのためで、永楽年間には三十余の海外諸国が来朝したという。華夷の統一を誇った洪武時代にもなかったことで、まさに永楽の盛時として喧伝《けんでん》された。

たしかに、永楽時代には海外諸国と明との間に盛んに使節が往来し、それに鄭和の遠征が貢献したのは事実である。ただし、今日の中国政府の公式見解にあるような、アジア・アフリカ諸国との友好・親善のために鄭和が出使したかといえば、決してそうではない。鄭和が訪問国に求めたのは臣下としての明への朝貢であり、両国間に君臣関係を結んで安定した国際秩序を築くことであった。近代を特徴づける対等な国交など、当時の中国にはもちろん想像だにできなかった。

また鄭和の南海遠征が華々しく行われたことから、永楽時代には対外的に開放政策が取られたと評価する向きもあるが、これもまったく当たらない。見かけは朱元璋の晩年と異なり、きわめて外向きの活発な海上活動を展開しているが、それは鄭和の遠征に限ったことで、民間貿易や民衆の出海が許可されたわけではなかった。その限りで、決して朱元璋の創出した海禁＝朝貢システムを否定するものではなく、むしろその枠組みの中で最大限に海洋進出を遂げたのが、鄭和の大遠征であったというべきであろう。

三　中華と夷狄の統合

北平は中国の門戸

海洋での施策もさることながら、明にとってさらに重要なのがモンゴル対策であった。洪武五年(一三七二)に明軍がトラ河畔で大敗北を喫して以後、北元では順帝を継いだ昭宗アユルシリダラがカラコルムを拠点に、侮りがたい勢力を保持して明に対峙した。この状況は弟のトグス・テムル(天元帝)が即位した洪武一一年当時もさほど変わらず、北元は中国東北部からモンゴル高原にかけて勢力を張り、さらに雲南方面にもモンゴルの残存勢力が根強く居座っていた。

朱元璋が第一回目の諸王分封を行ったのは、まさにこのような時である。洪武一一年、朱元璋は第二子秦王を西安(陝西《せんせい》省)、第三子晋王を太原(山西省)、そして二年後の洪武一三年には第四子燕王を北平に分封した。西安、太原、北平はともに北辺防衛の要地であり、彼らはその後、軍隊を率いてたびたびモンゴルの地に出撃し、常にモンゴルに睨みを利かせていた。特に

一定の安寧を得たのは事実であった。

とりわけ明の勢威に押されて、モンゴル・オイラトともに一時的に明に臣従し、冊封された意義は大きい。永楽七年、永楽帝はオイラトの首領マフムードを順寧王、タイピンを賢義王、バトゥボロドを安楽王に封じ、印章と誥命（辞令書）を与えた。親征を受けたモンゴルのアルクタイも、永楽一一年に同じく冊封されて和寧王の王爵を授かった。モンゴルの首領を冊封するとは、朱元璋時代にはなかったことで、明側にとっては長年の念願がようやく叶った瞬間であった。

北京遷都

永楽帝は即位後まもない永楽元年正月、北平を北京順天府《ほくけいじゅんてんふ》にあらため副都に格上げした。南京応天府《なんけいおうてんふ》とともに両京制度を始めたわけで、今日の北京《ペキン》・南京《ナンキン》という地名はここに始まる。江南の富民三〇〇〇戸を強制移住させて、北京の充実を図ったのを手始めに、外地の一般民衆や罪囚を移して北京の都市開発も進められた。また副都を統治するために、北京行部や北京行後軍都督府が置かれて政務と軍務を担当した。しかも永楽帝は永楽七年以後、中央官僚を帯同してほとんど北京に滞在し、南京にはめったに戻ることはなかった。

北京が実質的な首都になると、当然のことながらインフラ整備も必要となる。将来的には人口も膨大となり、それをまかなうにはどうしても江南の糧食に頼らざるを得ない。そのため、永楽九年の会通河の開鑿《かいさく》を皮切りに大運河を整備し、北京への輸送ルートの確保が図られた。この結果、江南の経済と北京の政治・軍事とが大運河を通じてリンクし、従来の南京首都体制に代わる新たな北京首都体制がいつしかできあがった。

北京遷都という国を挙げての大プロジェクトでありながら、遷都計画は未発表のまま極秘裏に進められた。北京から南京に乗り込み簒奪によって即位した永楽帝に対し、南人勢力の反発は想像以上に大きかったからである。北京宮殿(紫禁城)の造営も永楽一四年に本格的に開始され、四年の歳月を費やしようやく一八年末に完成した。これを機に遷都の詔が発せられ、翌年正月、北京は正式に首都に決定された。今まで北京官庁の上につけられていた行在《あんざい》の二文字も削除され、代わって南京が副都になった。

北京遷都と同時に、南京には小規模ながら従来通りの中央官庁が残された。北京の京官《けいかん》と区別して南京官《なんけいかん》と呼ばれるこの官庁は、北京の首都圏(北直隷)にならった南直隷の政務を統括した。南京官と南直隷の新設は、おそらく遷都に反対する南人勢力を懐柔するための措置であったと思われる。また不穏な動きにそなえ、既存の錦衣衛(禁軍の一つで特務を担当)とは別に新たに宦官を長官とする東廠《とうしょう》という特務機関も設けられた。じっさい、遷都後三月にして紫禁城の三大殿(奉天殿・華蓋殿・謹身殿)が落雷で焼失した際、天譴《てんけん》を理由に南京還都《かんと》を強く主張したのはすべて江南出身官僚であった。北京遷都に一九年もの年月を要したのも、理由がないわけではなかった。

天子の都

じつは北京遷都以前、洪武年間にも遷都問題が話題になったことがある。数々の改革をやり終えた朱元璋は、洪武二四年に皇太子の朱標を陝西地方に派遣し、遷都候補地の西安を視察させた。皇太子は帰京後、西安の地図を献上し、あとは遷都に向けて本格的に動き出すのを待つばかりであった。ところが、その矢先に皇太子が病に倒れ急逝したため、遷都は頓挫し計画そのものが宙に浮いてしまう。気落ちした朱元璋は翌年正式に中止を表明し、洪武年間での遷都計画は完全に立ち消えとなってしまった。

朱元璋の西安遷都と永楽帝の北京遷都とでは、どこが同じでどこが違うのか。もちろん、西安と北京という遷都の候補地の違いがまずある。だが、どちらも北方の都市だという点では共通し、二人とも南京の首都としての限界性には気付いていた。問題は、なぜ朱元璋は西安で永楽帝は北京であったかということだ。

西安遷都が、朱元璋の華夷統合への意欲が薄れてきた晩年に計画されているのは、彼の関心の所在を示して興味深い。当時、諸王分封体制もひとまず機能し、北辺防衛も軌道に乗っていたことからすれば、遷都の目的が国内問題の解決にあったことは間違いない。いうまでもなく南人政権からの脱却である。それには中原の伝統の地・西安への遷都が望ましい。かつて開封を北京にしたことのある朱元璋には、統一王朝の都は中原に置くべきだというある種の固定観念があった。

これに対して北京(北平)は朱元璋自身も「中国の門戸」と述べるように、モンゴルに攻勢をかける上での拠点となる地であった。つまり北京遷都は国内問題の解決に加え、華夷統合を実現する際の関鍵であり、真天子を目指す永楽帝とすれば、是非とも果たさねばならない至上命題であった。北京が自分の分封先であったとか、南京側の自分に対する反発を嫌ったためだとか、そんな単純な理由からではなかった。

朱元璋と永楽帝の政策の間に大きな断絶はない。朱元璋も当初は華夷の統合に意欲を燃やしていた。諸般の理由でその志向性は後退し、政治体制も南京首都体制に甘んじたが、それは朱元璋が望んでそうしたというよりは、やむなく受け入れた妥協の産物でもあった。永楽帝は朱元璋の遺志を継承し、それを発展させる形で北京首都体制を確立した。その意味では洪武から永楽への推移は一繫がりのものとして捉えるべきで、最終的には北京が天子の都になることで明朝の政治体制は完成したのである。

華夷一家

朱元璋が「華夷に君主たり」「華夷を統一す」という言葉で朝貢一元体制を正当化したのに対し、永楽帝は華夷統合の極致としての「華夷一家」という言葉を好んで口にした。一時的とはいえモンゴルを制圧した永楽帝は、儒教の究極の理念である天下一家に代わる華夷一家という新造語で、自己の支配を正当化したのである。

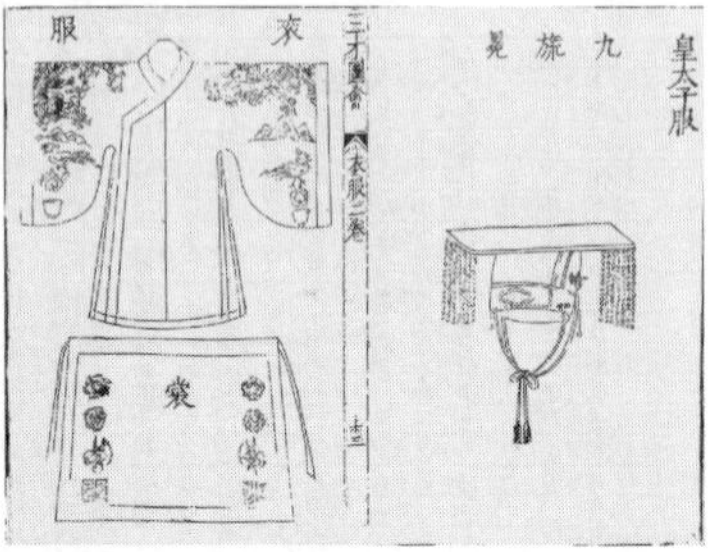

図16　皇太子袞冕図（『三才図会』衣服二巻より）

彼は華夷一家の観念を実体化することにも力を入れた。それは冊封時に藩王に下賜する冠服によって具現化された。ここでいう冠服とは、国家の重要儀礼で皇帝と宗室（皇帝の一族）が着用する冕服《べんぷく》と皮《ひ》弁冠服《べんかんぷく》を指す。冕服は最重要儀礼の天地・宗廟の祀り、皮弁冠服は朝貢使節や科挙の進士及第者の接見などで着用された。これらの冠服には差等があり、藩王には親王（皇帝の子）用の冕服か郡王（皇帝の孫）用の皮弁冠服が与えられた。

親王用の冕服（九章冕服）が下賜されたのは朝鮮国王と日本国王だけで、他の国には郡王用の皮弁冠服が授けられた。多数の冊封国の中で、明がこの二国を特別視していたことがうかがえる。また印章もこの二国だけには親王ランクの金印が、その他の国には郡王ランクの鍍金銀印

（金メッキの銀印）が下賜された。古来、蕃望と呼ばれた蕃国のランク付けは、明の場合は冠服や印章などによって示されたのである。

重要なことは、永楽帝が冠服の下賜に特別な意味を込めていたことだ。蕃王に親王用ないし郡王用の冕服・皮弁冠服を授けたことは、皇帝と蕃王との関係を父と子、あるいは祖父と孫と規定したことを意味する。つまり、皇帝と蕃王との間に擬制的家族関係を作り上げ、華夷一家の状況を天下に具現化・可視化したということだ。君臣関係で成り立つ朝貢一元体制を家族秩序で読み替えたのである。この趣向を凝らした礼制上の演出に、永楽帝もさぞ満足したに違いない。永楽帝は父から継承した朝貢一元体制の上に、新たな思想的根拠を付与して補強した。華夷一家の実現で彼は自己の即位を正当化するとともに、元明革命を名実ともに成就させたのである。

朱元璋の築いた統制的な明初体制を、独自の工夫を施し国内規模から国際規模に拡大したのが永楽帝であった。国内的にも国際的にも未完成のままであった政治体制を、最終的に確立したのが永楽帝である。朱元璋の掲げた課題は彼によってひとまず解決され、明初体制も整備されて一段と緻密さを増した。その限りで、永楽帝は明朝第二の創業者というよりは、むしろ明初体制の完成者というのが筆者の彼に対する偽らざる評価である。

第三章　動揺する中華

一　明初体制の弛緩

南京還都

北京遷都で完成したはずの明初体制だが、その反動はすぐさま現れた。第五次モンゴル親征の帰路、永楽二二年(一四二四)七月に永楽帝が楡木川《ゆぼくせん》(内モンゴル自治区ドロンノールの北西)で病没し、その事実が都で公表されると、今まで抑え付けられていた遷都反対論者の不満が一気に爆発したからである。南人官僚の中には都が江南から離れたことへの反発もあり、南方の利害を代弁して南京還都を主張するものが続出した。

注意すべきは、彼らの背後に新皇帝の仁宗洪熙帝(在位一四二四〜二五)が存在したことだ。もともと彼は永楽帝の北京巡行の際にも監国として南京に留まり、南京での生活に慣れ親しんでいた。しかも彼自身、父と異なり華夷統合への意欲もさほどなく、外征に追われた永楽政治の軌道修正を目論んでいた。あの鄭和を陸に上げて、一介の南京守備太監に任じたことにそれは端的に示されている。

洪熙元年(一四二五)三月、洪熙帝は先遣隊として皇太子朱瞻基《しゅせんき》を南京に送り出すと、正式に南京還都を表明した。南京は皇帝不在のまま首都となり、北京官庁の上には再び行在《あんざい》の二文字が冠せられた。さらに遷都前と同様、北京行部と北京行後軍都督府が置かれ、副都北京の政務と軍務を担うことになった。また翌月からは、首都南京の皇城の修築が始まり、皇帝が来春に帰還することも南京側に伝達された。

ところが、こうした還都の準備が推進されている最中の洪熙元年五月、当の洪熙帝が急死するという不測の事態が発生する。即位してわずか一〇カ月後のことである。急遽南京から呼び戻された皇太子は、父皇の葬儀をすませると天地の祀りを行い皇帝に即位した。第五代皇帝宣宗宣徳帝（在位一四二五～三五）である。

幼少時から祖父の永楽帝に寵愛され、モンゴル親征にも同行した宣徳帝は南京還都の意志がまったくなかった。洪熙帝の遺詔には南京還都の指示が諄々と記されていたが、それを無視して宣徳三年（一四二八）、副都の象徴である行部と行後軍都督府を廃止した。還都の中止を暗に示すものではあったが、この時点では北京は依然行在のままで、建前上は南京が首都であった。北京が再び正式の首都となり南京が副都になるのは、それからさらに十余年後、焼失した北京の三大殿が再建された正統六年（一四四一）のことである。

仁宣の治

仁宗洪熙帝と宣宗宣徳帝の治世を合わせて一般に「仁宣の治」という。両帝ともに内治に専念し、明代を通じて最も安定した時代を現出したことからこう称される。当時、内閣には名臣楊士奇、楊栄、楊溥のいわゆる「三楊」がおり、種々の政治改革が矢継ぎ早に実施された。なかでも科挙改革の「南北巻」は、地域別に進士を採用するもので、南人合格者数の上限を定めて北人官僚を確保しようというものであった。江西出身の南人官僚楊士奇の発案であるだけに、当時の政界の健全さの一端を見て取れる。

永楽朝の軌道修正を目指した洪熙朝に対し、宣徳朝は永楽朝の積極的な華夷統合策を一面では継承しつつ、そのソフトランディングを図った時代として位置づけられる。父洪熙帝の時に陸に上げられた鄭和を再度抜擢し、第七回目の南海遠征を敢行したのが宣徳五年（一四三〇）のことである。当時、鄭和は六〇歳。これが最後の航海となった。それはまた、海禁＝朝貢システムのもとでの国家主導の海上活動を、最大限に拡大させた上での名誉の撤退であった。永楽帝が内地化したベトナムを宣徳三年に放棄したのも、同様の趣旨からである。以後、明朝は完全に内向きの国家になっていく。

「靖難」の再発を恐れた永楽帝が、広寧（遼寧省）の遼王や大寧（内モンゴル）の寧王を内地に転封したり、長城外の衛所を移して首都の防衛を固めたりしたことは、一面では防衛線の後退に繋がった。それを補完するために、永楽帝はモンゴル親征を断行したとの説もあるように、北京は「中国の門戸」であるがゆえに常に危険にさらされていた。永楽帝に同行してモンゴル親征の経験のある宣徳帝が、長城ラインを三度も「巡辺」して軍事的威嚇を繰り返したのも、モンゴルの脅威を重々理解していたからに他ならない。

宣徳帝は明らかに永楽帝を意識していた。華夷統合を期する心性も二人は共通していた。異なるのは彼らを取り巻く環境である。永楽帝の晩年ですら財政的には逼迫しており、後半の三度の親征も反対する戸部尚書(財務大臣)夏原吉を投獄して決行したほどであった。宣徳帝が南海遠征を一度で切り上げ、モンゴル親征ではなく長城巡辺に止めたのも財政問題が関係する。宣徳帝は守成期の君として名を捨て実を取ったのである。

現物経済から銀経済へ

洪武・永楽の創業期を過ぎた宣徳以後の一五世紀中葉になると、社会構造にも変化が兆しだす。その変化に大きな影響を与えたのが北京への遷都である。北京の膨大な人口や北辺の軍隊を養うために、大運河を通じて江南米が北方に輸送された他、南方の物資(南貨)が商人たちによって大量に運ばれ、南北の物流体制が作り上げられていく。大運河沿いに都市化が進み、今まで低調であった商業化の動きも次第に活性化することになった。

図17　明代の銀錠と銅銭

商業化の拡大にともない、民間では禁令に反して銀使用が盛んになっていった。こうなると国家もその趨勢に逆らえず、徴税時の輸送コストの削減の意図もあって、従来の現物納（本色）から銀納（折色）への転換が図られだす。宣徳八年（一四三三）の江南官田の一部銀納化に始まり、続いて正統元年（一四三六）には北京の武官たちが俸給を銀で支給するよう求めたことで、税糧の銀納化が一気に加速化する。華中・華南では税糧の一部が米四石＝銀一両の比率で徴収された。いわゆる金花銀である。

　世の中は、元末の現物経済をとっくに抜け出し銀経済へと移行しつつあった。それを後押ししたのはいうまでもなく国家の財政政策である。国初に比べて項目数や絶対量の増えた税・役だが、税糧にやや遅れて徭役も里甲正役（上供・公費）が銀納化され、それらは一般的には里甲銀、地域によっては綱銀（福建）あるいは均平銀（広東・浙江）などと称された。

　また有力戸に不規則・不定量に課せられていた雑役も、正統年間の江西での改革をモデルに、弘治元年（一四八八）には負担均衡を目的に均徭法が全国的に施行された。徭役は各戸の負担能力＝戸則に応じて定期的に課せられ、やがて一部の徭役の銀納化が始まり、一六世紀初頭には銀差（銀納化された雑役）と力差《りきさ》（生の労役）の区分が成立する。こうした徴税事務の煩雑さが、後の簡便な一条鞭法《いちじょうべんぽう》という税制を生み出す大きな契機となった。

いずれにせよ、ここでいえるのは現物経済に基づく国初の税役徴収システムが、銀経済の発展で変化を余儀なくされた事実である。別言すれば、もはや国家は国初のように社会を思い通りに統制するのではなく、社会の変化を後追いする形で、それに適合した新たな統治の仕組みを構築せざるを得なくなった。そうした状況が次第に顕著となり出すのが、一五世紀中葉から後半にかけてである。明初体制の弛みは銀経済への移行の中で確実に進行していたということだ。

鈔法の失敗

同じことは通貨制度の面でもいえる。既述のように、明は経済面での南北同等支配を目指して不換紙幣の大明宝鈔を発行した。一〇〇文《もん》から五〇〇文までの五種と一貫《かん》（一〇〇〇文）の都合六種で、それ以下は銅銭を使用するものとされた。宝鈔の比価は、鈔一貫＝銅銭一〇〇〇文＝銀一両＝米一石とされたが、不換紙幣として発行したためにほどなく価値を下落させ、すでに永楽五年（一四〇七）には米との比価で三〇分の一、銀とでは八〇分の一にまで下落するありさまであった。

本来、紙幣は兌換紙幣であろうと恒常的に回収を行わねば価値が保てない。大明宝鈔ももちろん回収策が施されていた。宝鈔発行時に商税を鈔七・銭三の割合で徴収すると規定したのをはじめ、永楽年間には戸口食塩法を実施して民衆に強制的に食塩を配給し、鈔で代価を納めさせたりした。だが、活発な対外政策や北京遷都に莫大な費用を要したため、おそらく鈔の発行額は回収額をはるかに上回ったに違いない。

当時「鈔法不通」の原因とされたのは、民間での銀の偏重と鈔のだぶつきである。前者については、すでに洪武八年(一三七五)から宣徳三年(一四二八)までの五十余年間に七度の金銀使用の禁令が出され、民間から国庫への積極的な銀の回収が図られていた。これに対して後者は、北京定都で南北統一を達成した宣徳年間になって、ようやく本格的な鈔回収策が開始される。

具体的には、宣徳三年に大明宝鈔の製造を停止し、商税を通して鈔の一斉回収を実施したことである。全国重要三三都市の門攤税《もんたんぜい》(商店の一種の営業税)を洪熙時代の五倍にしたり、倉庫業者や運搬業者に鈔が課せられたりした。また、北京から南京にいたる大運河の要衝に鈔関を置き、通行船舶から鈔を徴収する手立ても講じられた。商品生産と流通経済の回復基調に対応した措置であった。だが政府の意気込みに反し商業の沈滞や物流の遅滞現象を招き、結果的に鈔回収策は失敗に終わってしまう。

失敗の根本的な要因は、何といっても宝鈔が不換紙幣であるため信用がなかったことと、民間での銀の流通が江南を中心に拡大し、禁令を無視して経済界を席捲し始めていたことによる。このため金銀使用の禁令は宣徳三年を最後に二度と発令されることはなかった。むしろ明朝は銀立ての財政政策に舵を切ったことを先に見た。政治的には南北統一を果たした明朝だが、こと経済面では江南社会を十分に統制することができなかったのである。

戸籍制度の変容

明初体制の弛緩を示す徴候は他にもある。もともと国初に定められた戸籍制度は単なる職業区分を表すものではなく、人民の把握と税役徴収の効率化を高めるために、種々の社会的身分を職種ごとに選別編成したものであった。そこでは各身分間の移動は禁止され、各戸に対して現物納と生の労役が課せられた。

郷村の里甲制に対応して都市の住民は坊廂《ぼうしょう》制に組織されたが、特に手工業者(匠戸)は匠冊に登録されて、首都ないし地方都市の官営工場で無償労働(匠役)に従事した。官営工場には兵部、工部、内府等所官の兵杖局、織染局、銀作局等多数あり、手工業者は匠冊をもとに各種の工場に配属される。製品のための原料は租税を源泉とし、製品はすべて皇帝を頂点とした貴族・官僚等の特権層や朝貢国への賞賜に供された。

匠戸は当初から徭役の過重負担に苦しみ、官僚や胥吏《しょり》(役所の吏員)・衙役《がえき》(役所の雑役夫)の中間搾取もあって、早くも宣徳年間には就役者の罷業や逃亡が顕著となる。このため一五世紀後半には納銀によって労役を免除し(班匠銀)、それをもとに政府は民間から絹織物や陶磁器等の製品を買い上げて不足分を補った。民戸の税役徴収システムと同様、匠戸の匠役も銀納化の波の中で変更を余儀なくされたわけだ。

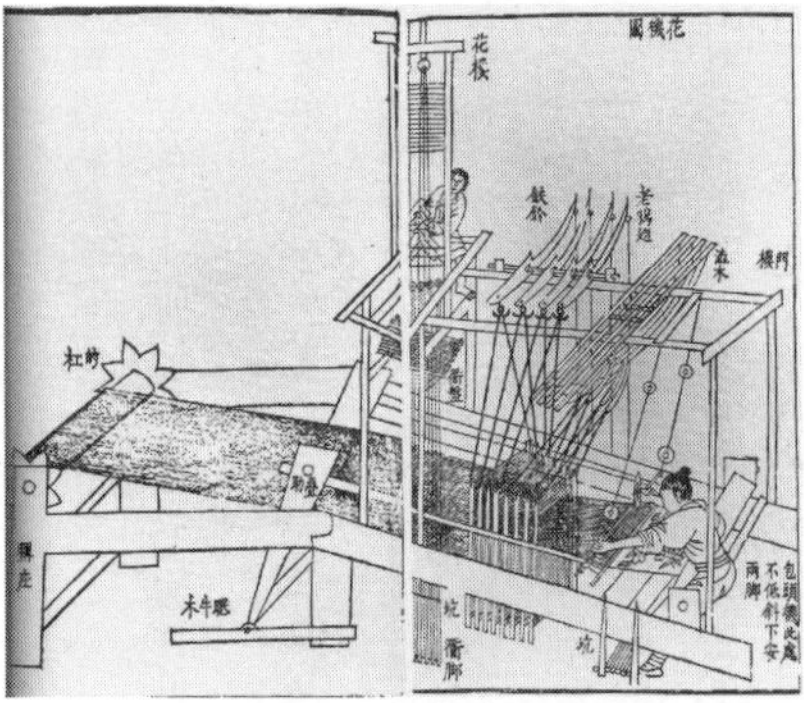

図 18　高級絹織物の織機「花機」の図
(『天工開物』巻上より)

こうした変容は軍戸も変わらない。元来、軍戸は軍役として各戸一人の軍士を出し、軍士一一二人で一百戸所、一〇百戸所で千戸所、五千戸所で一衛(五六〇〇人)を組織した。これを衛所制度という。衛のトップの指揮使をはじめ、千戸所の千戸や百戸所の百戸など衛所官によって衛所軍は指揮され、衛所を統括するために各省に都指揮使司、中央には五軍都督府が置かれていた。洪武年間の全国の衛は三二九、守禦千戸所は六五、軍士の数は永楽年間に最大二七〇余万人を数えた。

衛所では自給自足を行い屯田を開いたため(軍屯)、洪武・永楽間の軍屯の規模は、全国で約

八、九〇万頃《けい》(一頃は約五・八ヘクタール)、軍士の糧食をまかなうには十分であった。だが宣徳・正統の頃になると衛所官たちが軍屯を私有地とし、軍士を使役して彼らの生活を圧迫したことで、軍士の逃亡現象が目立ち始める。すでに正統年間(一四三六~四九)には逃亡軍士の数は一二〇万余となり、一五世紀末の弘治年間(一四八八~一五〇五)には国初の一〇分の六、七が逃亡したという。

軍士の逃亡が顕著となった正統年間、明は募兵制を開始して衛所制度の不備を補おうとした。ただ募兵は一種の傭兵であり、口糧や生活費は国家が支給せねばならず、軍事費にかかる銀両の総額は計り知れない。しかも衛所に投じた銀両も衛所官のピンはねで軍士は困窮をきわめ、それがまた軍士の逃亡をうながした。けっきょく軍戸の変容も銀の流通と決して無縁ではなかったのである。

銀経済への移行が進む一五世紀中葉から後半にかけ、明初体制はあらゆる面で社会の挑戦を受けていた。国家の統制に甘んじていた社会が銀経済の展開で独自の動きを見せ、固い明初体制を突き崩し出したのである。国家主導の政治体制は社会主導の銀経済に真正面から相対峙した。この国家と社会の相克の中で明初体制の揺らぎにどう対処するか、明朝の課題はまさにその一点にあったといってよい。

二　朝貢一元体制のほころび

「私出外境」と「違禁下海」

ここで再び周辺地域に目を転じてみよう。

明の朝貢一元体制は長城と海禁とでいったん華と夷を分離し、朝貢制度によってあらためて華夷の統合を図る巧みな方策であった。国際交流を国家間の朝貢制度だけに限定したこの体制は、民間での華夷の交流すなわち国際交易の徹底した禁止の上に成り立っていた。もとより明朝は民間人が自由に出国することを禁止しており、違反者は『明律』兵律、関津《かんしん》の「私越冒渡関津」と「私出外境及違禁下海」の二カ条に基づき処断された。

前者が文引（通行証）の不携帯や密出国に関する全般的な罰則規定であるのに対し、後者は明初の実情に照らして南北両地域に特化したものであった。見ての通りこの箇条は二つに分かれ、「私出外境（私《ひそ》かに外境に出づ）」は長城の越境者、「違禁下海（禁に違《たが》いて海に下る）」は海外諸国に渡航して商売する者が念頭に置かれている。正規の手続きを経ずに無許可で外地に出ることと、違禁貨物（馬牛、武器、鉄器、絹織物等）の持ち出しを禁止したもので、ともに違反の軽重に応じて杖罪から死罪（絞・斬）にいたる量刑が定められていた。

『明律』が初めて編纂された洪武元年当時、民間の海外貿易は公認されていたため、混乱する沿海部で正規の出海者か否かを弁別することは重要であった。朱元璋には当初、海商の出海貿易を禁止する意図など毛頭なかったらしい。だが、あまりの海上の混乱に耐えかね海禁を実施したことで、事態は一気に変化する。海防目的に開始された海禁が、やがて海商をも巻き込み全民衆の出海禁止措置へと発展したからである。

洪武七年の市舶司の廃止を契機に民間の海外貿易は全面的に禁止され、以後、出海者はすべて海禁違反者として処罰の対象となった。ただし、海禁は本来密貿易を取締まる「違禁下海」とは別次元の事柄に属し、この条項だけでは十分に対応しきれない。じっさい海禁令は海浜の住民に対して榜文《ぼうぶん》で発せられており、違反者への量刑は条例で対処した。『明律』の本文は祖法として変更できないため、状況に応じて適宜条例を制定して処断したのである。

海禁に関する条例の変遷を、明代史の根本史料である『明実録』でたどると興味深い推移が確認できる。厳格に海禁が施行されて海防体制も整っていた洪武時代は、出海ないし海外諸国との交易が禁止されただけであった。だが、永楽時代になると密貿易者の略奪活動が取締りの対象となり、さらに宣徳・正統時代には彼らが「外夷」を誘って沿海部を荒らし回るさまが問題視されるなど、海禁が次第に弛緩している様子がうかがえる。明初体制が揺らぎ始めた一五世紀中葉は、沿海部も決して例外ではなかったわけだ。

遷都後の北辺

一方、「私出外境」の対象地域である北辺の状況はどうであったか。

そもそも非農耕地帯にいる遊牧民は経済生活を交易に依存しており、中国物資の安定的な供給なくしては生計が成り立たない。それが途絶えると中国に侵入して略奪をするのが常であった。それゆえ、中華王朝は北方民族を懐柔するために辺境に互市場《ごしじょう》(交易場)を設け、彼らに必要物資を供給することで侵略を免れようとした。互市という用語の起源は後漢時代の烏丸《うがん》・鮮卑との交易に遡るが、北方民族へのある種の懐柔策である互市の開設は、宋が契丹《キタイ》や女真《ジュルチン》との国境に設けた榷場《かくじょう》にも通底する。

だが、朝貢一元体制を採用した明は歴代王朝と異なり、内服したジュシェンやウリャンハイ三衛(元朝の東方三王家の末裔とされる)などを除いて一切の互市を禁止した。元来、朝貢一元体制は海外諸国に適用される概念で、戦争状態にあるモンゴルとは無縁のものであった。ようやく永楽年間にモンゴルやオイラトの王が明の冊封を受けたことで、明と北方民族との間に朝貢関係が成立する。もちろん北辺での互市は禁止されたため、必然的に彼らも朝貢一元体制に取り込まれることになった。のちに順寧王トゴンがオイラトとモンゴルとを統一した宣徳年間(一四二六〜三五)以後は、もっぱらオイラトが朝貢貿易を継続した。

正統年間のオイラトの朝貢は毎年一〇月頃、長城を越えて大同（山西省）にいたり、一部の使節だけが北京に上京すると、越年して再び大同に戻り一月頃に帰国した。この間、上京した使節は貢物を献上する見返りに多くの回賜を受け取った。また大同や北京でも貿易が許され、これを目当てに彼らは多数の使節を派遣してきた。しかも、人数に比例して下賜品の量も増大したため、彼らはできるだけ朝貢の人数を増やそうと努めた。これがやがて金品の下賜を抑制しようとする明との間に摩擦を生むことになる。

土木の変

トゴンは黄金氏族ではなかったためカアンになることができず、自分はタイシ（太師）を名乗って黄金氏族のトクト・ブカを立てた。息子のエセンもトクト・ブカを担いで実権をにぎり、北アジアのほぼ全域を支配下に置くオイラト帝国を建設する。明へはトゴンと同様朝貢を繰り返したが、急速に拡大した勢力を維持するには、明からより多くの金品を獲得する必要がある。正統一三年（一四四八）、エセンは定員をはるかに超えた三〇〇〇人規模の使節団を派遣し、しかもその数は実数よりもかなり水増ししていたため、明は対抗措置として下賜品の額を大幅に削減した。

これに反発したのがエセンである。彼は明から得た金品を配下に分配することで求心力を維持しており、恩賞の減額は自己の支配体制を揺るがしかねない。エセンに残された途《みち》は、武力に訴えて明を屈服させるしかなかった。正統一四年(一四四九)七月、エセンは陝西・山西・遼東の三方面より明に侵攻する。

迎え撃つ明の英宗正統帝(在位一四三五~四九)は凡庸な皇帝で、宦官王振の言いなりであった。宦官トップの司礼監掌印太監王振は功名心から英宗に親征をうながし、朝廷内の反対を押し切り英宗ともども五〇万の大軍を率いて出撃した。ところが中途でエセン軍の強大さに怖気《おじけ》づいた王振は、急遽北京への全軍帰還を命じたが時すでに遅く、北京北方一〇〇キロメートルの土木堡でエセン軍に急襲されて明軍は大敗。王振は配下の部将に殺され、英宗も捕虜になるという大失態を演じてしまう。史上名高い「土木の変」である。

エセンには明の領土への野心はなく、英宗を奇貨として有利な条件で講和を結ぶことしか念頭になかった。そのため英宗の弟の景泰帝(在位一四四九~五七)が立ち、兵部尚書于謙《うけん》らが結束して北京を死守すると、やむなく無条件で英宗を送還してきた。景泰元年(一四五〇)八月のことである。南宮に幽閉された英宗だが、のちに景泰帝の病に乗じてクーデターを起こし(奪門の変)、天順帝(在位一四五七~六四)として復辟《ふくへき》する。景泰帝は死後、皇位を剝奪され、国難を救った于謙等も謀反の嫌疑で処刑された。

かたやオイラトの内部でも内紛が生じ、エセンはトクト・ブカを滅ぼし名実ともに北アジアを制覇すると、一四五三年(景泰四)に黄金氏族でもないのに大元天聖大可汗を自称した。この頃がエセンの絶頂期であった。だが、翌年部下に叛かれ死亡したことで、オイラト帝国はあっけなく瓦解する。エセンが大カアンを称えたのは一年足らずに過ぎず、エセン亡き後、長城以北は混乱の時代を迎えることになる。

朝貢貿易から密貿易へ

北方での混乱が増すなか、明と海外諸国との関係にも変化が現れていた。もともと明初に成立した海禁=朝貢システムは、大陸に軸足を置く明が海洋統制のために創設したもので、経済よりも政治優先の国家システムであった。前後七度におよぶ鄭和の南海遠征も、すでにそれ以前から商船が往還するインド洋・アラビア海などの「経済の海」を、朝貢制度によって「政治の海」へと転換する意味合いを持っていた。

だが、そんな状況もせいぜい宣徳年間までで、正統以後になると朝貢国の数も来貢の頻度も減少し、明を中心とした国際秩序の維持も次第に覚束なくなってくる。海外諸国への明の積極的な働きかけも宣徳年間の鄭和の遠征で終わりを告げ、むしろ海外諸国の来貢に歯止めをかける動きすら見せるようになった。

いったい明の海洋政策が消極策に転じたのは、北方防衛費の増大で海洋を省みる余裕がなくなったこともあるが、朝貢使節の規模が拡大し朝貢制度の運営費が膨張したことが大きい。使節の滞在費は一切合切宗主国の明が面倒を見たし、天朝の体面を繕うための多額の賞賜も明にとっては大きな負担となってきた。そのため従来の「厚往薄来《こうおうはくらい》(中国の賞賜は厚く、朝貢国の貢物は薄く)」(『中庸』)から経費節減に方針転換し、明側の支出抑制が図られた。来貢の頻度の高い朝貢国に貢期の遵守を厳命したのもそのためで、日本が一〇年一貢・船数三隻・人員三〇〇人に制限されたのは、景泰四年(一四五三)に船数九隻・人員一二〇〇人で入貢した第一一次遣明使節の時だとされる。

一五世紀後半の成化(一四六五~八七)・弘治(一四八八~一五〇五)年間になると、明の対外政策はいっそう内向きとなり、琉球や占城への冊封使の派遣を除けば、使節が海外に出向くことはほとんどなくなった。さらに財政難に苦しむ明は、弘治年間に朝貢船からの五割の関税徴収(現物の抽分《ちゅうぶん》)に踏み切り、国初以来の免税措置を放棄する。少なくなった朝貢国に、宗主国としての体面をかなぐり捨てて関税を課したわけだ。

使節の往来が減少する中、海禁違反者だけは年々増加し、一五世紀後半には沿海民や軍人の他に、いわゆる「豪門」「巨室」なども浙江・福建沿海部では密貿易に参画しだす。のちに「郷紳」と呼ばれる地方有力者層のことで、その勢威に押されて地方の役人も手出しができなかった。加えて沿海衛所の軍士の綱紀は弛んで逃亡者が続出し、軍船も損壊したり老朽化したりして使い物にならないとあっては、海禁はザル漏れ同然で密貿易が活発化するのも不思議ではない。朝貢貿易の衰退で不足した海外物資は、一面ではこうした密貿易によってまかなわれていたのである。

辺禁と辺鎮

同じ頃、北辺では密貿易と並んで衛所官軍の長城の越境が顕著であった。総兵官・参将などの守備の諸将や衛所官が、長城外で軍士に開墾や放牧を行わせ、北辺防衛そっちのけで私腹を肥やすことに没頭したからである。彼らのピンはねは日常茶飯事となり、軍士に食糧や給与が十分に回らず、それが逃亡軍士の増大と北辺防衛の退勢を招いていた。

秘密結社の白蓮教徒たちが理想郷の建設を目指して、モンゴルの手引きを画策し出すのもこの時期である。すでに景泰年間から北辺の白蓮教徒たちの動きは活発化していたが、弘治年間には白蓮教徒がモンゴルとの接触を試み、当局に摘発される事件も起こっている。国内では理想郷の実現が不可能だと悟った彼らが、未開の地のモンゴリアにそれを求めても不思議ではない。やがて一六世紀に彼らが次々と越境し、長城外に定住社会を築いていく契機はすでにこの時点で形成されていた。

「辺禁」という成語が『明実録』に初めて登場するのが、これまた成化年間のことである。

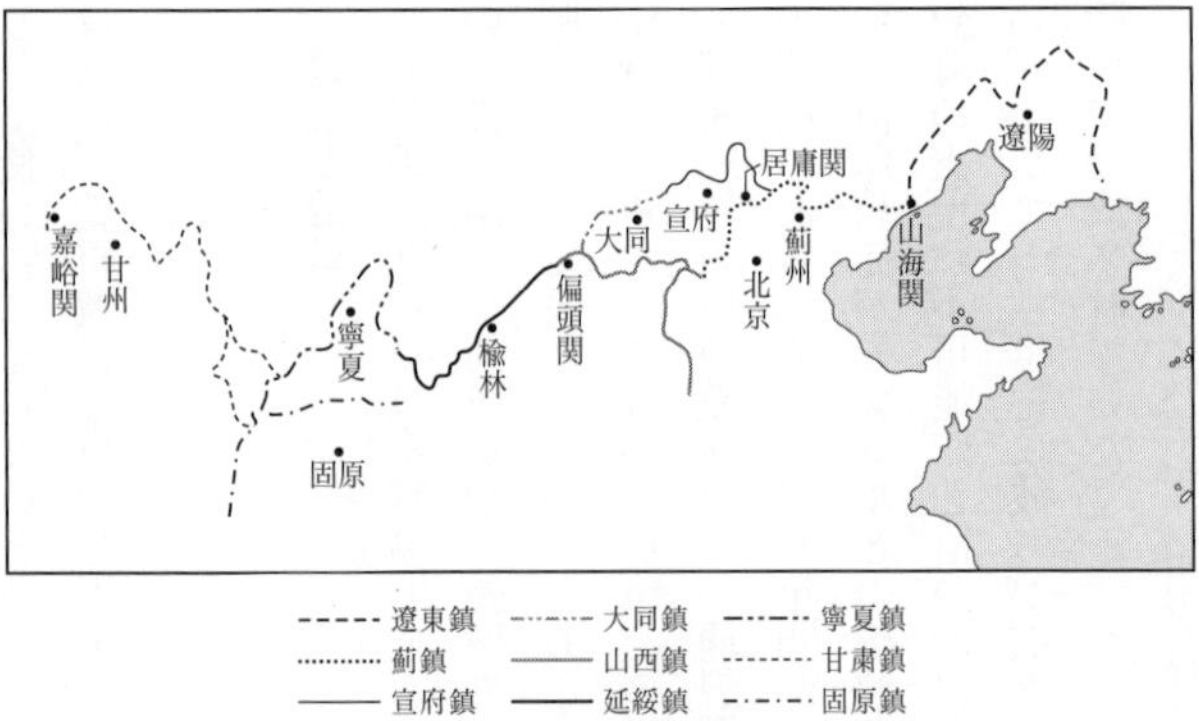

図19　九辺鎮

越境する密貿易者や白蓮教徒ばかりか、守備の官・軍もその対象であったことはいうまでもない。長城外に耕地を開拓すればモンゴルの侵入を誘発するばかりか、軍士は耕作に追われて北辺防衛もおろそかになる。「私出外境」の取締まりの強化は、辺禁策として国家の重要課題となったわけだ。

　辺禁とは別に、明の本格的な長城建設が始まるのも成化年間からである。黄河湾曲部のオルドス（河套《かとう》）がモンゴルに占領されたことで、明は全長約一〇〇〇キロメートルの長城をこの地に築き、のちに東西に拡延・修築して今に残る万里の長城を作り上げた。遼東（遼陽）から甘粛（甘州）まで長城に沿って九つの軍官区「九辺鎮」を設け、各鎮に地方長官の巡撫や武官の鎮守総兵官、目付け役の鎮守太監などを置いて、彼らに数千、数万の大量の兵士を統括させる専守防衛策が講じられた。すでに国初から数えて約一世紀。先の辺禁と同様、辺鎮という成語の出現に明の北辺の騒擾のさまがうかがえよう。

三　明代史の転換点

内閣と宦官

洪武年間に絶対帝制が成立するとすべて皇帝一人が決裁するため、文書取り扱いの秘書官として殿閣大学士が置かれた。皇帝に近侍することから正五品の卑官としたが、永楽帝はこの殿閣大学士の制を改め、単なる秘書官から機密に参与する諮問機関の内閣を創設した。やがて「仁宣の治」をささえた三楊が六部尚書(正二品)を兼ねて内閣に参画したことで、大学士はその地位をにわかに上昇させる。のちに首輔《しゅほ》(主席)大学士は絶大な権力をにぎり、実質的には宰相と変わらぬ存在となっていった。

大学士の主な職務は皇帝決裁の原案を作成することで(票擬という)、皇帝はそれをもとに裁定して指示を出す(批答)。この両者の間に存在したのが、内廷(皇帝の私生活の場)の住人である宦官である。朱元璋が徹底して宦官の政治活動を抑制したのに対し、永楽帝は出使、監軍、警察、特務など多方面で活用したため、宦官の活動範囲が一気に拡大した。なかでも宦官二四衙《が》門《もん》(一二監・四司・八局)のトップに立つ司礼監は、特務機関の東廠《とうしょう》を兼掌して官僚を監視する一方、先の票擬・批答の管理・伝達の役目を利用して政治介入を行い出す。

司礼監太監の専権はすでに正統年間の王振に認められるが、それが決定的になるのはやはり一五世紀後半の成化年間（一四六五～八七）である。吃音のため臣下との接触を嫌った憲宗成化帝（在位一四六四～八七）は大学士との内朝を停止し、代わって閣議には司礼監太監を出席させた。しかしそれもほどなく途絶し、皇帝と内閣とはほとんど断絶状態となり、政務はすべて内廷の中で決定された。こうなると、大学士も司礼監の鼻息をうかがいながら政治を行うしかない。

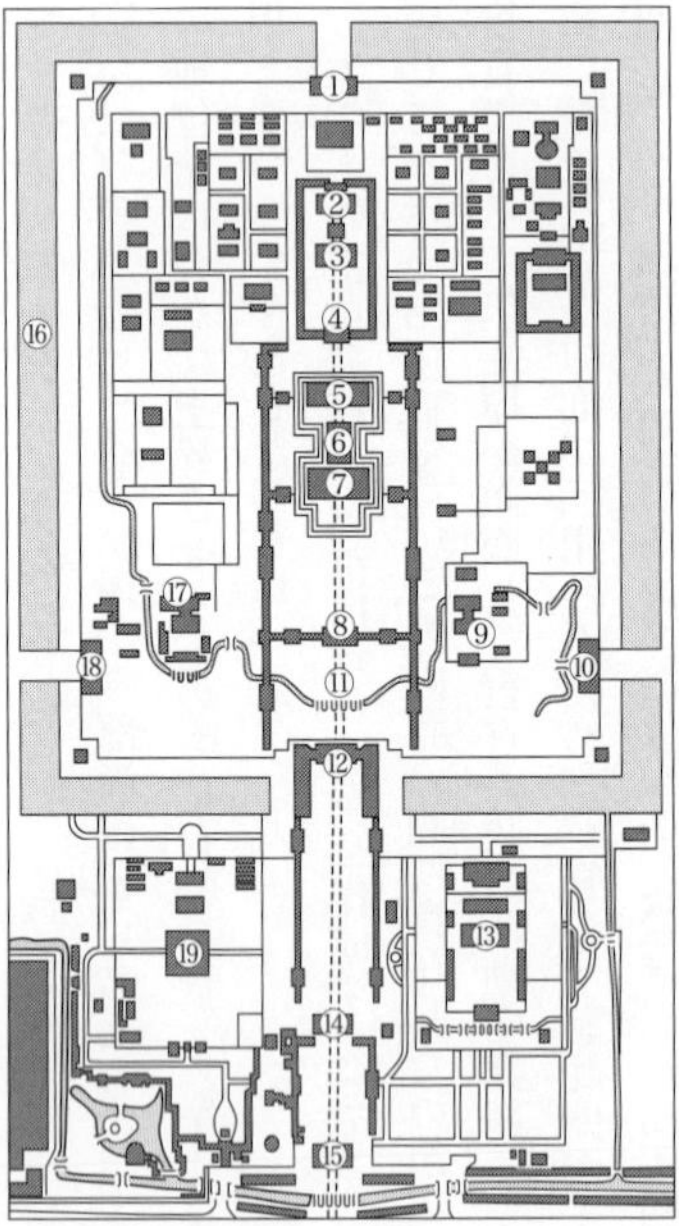

①玄武門 ②坤寧宮 ③乾清宮 ④乾清門 ⑤謹身殿 ⑥華蓋殿 ⑦奉天殿 ⑧奉天門 ⑨文華殿 ⑩東華門 ⑪内金水橋 ⑫午門 ⑬太廟 ⑭瑞門 ⑮承天門 ⑯筒子河 ⑰武英殿 ⑱西華門 ⑲社稷壇

⑤⑥⑦⑧は嘉靖41年(1562)より以前の名称.
④より奥が内廷.

図20　紫禁城の内廷と外廷

表の内閣は名ばかりで、影の内閣の司礼監の意向が大きく政治を左右するようになった。

内閣と司礼監。ともに皇帝あっての存在であり、絶対帝制下の産物であった。元来、内閣は官僚機構とは別系統の皇帝の私的な諮問機関であり、のちに宰相に擬せられる首輔大学士も、官僚機構を統括する明初の宰相(中書省左丞相)とはまったく性格を異にした。皇帝が官僚の掣肘をいっさい排除し、独裁権を行使するためにあえて創設したのが内閣であった。

他方、司礼監は内廷で皇帝個人に奉仕する根っからの私的存在であった。明初の専制主義の高まりは内廷と外廷との境に超えられない壁を構築するが、双方を往来できたのが唯一宦官である。皇帝にとり、官僚との意思疎通のためにも官僚の監視のためにも、宦官は必要不可欠の存在となった。明初に誕生した絶対帝制は、皇帝の私的機関としての内閣と司礼監を、公的な外被をまとわせ外廷と内廷に創出したのである。その両者が独自の成長を遂げ、官界の権力構造に地殻変動を起こし始めたのが成化年間に他ならない。

明中期の民衆反乱

地殻変動は社会の各方面に現れていた。国初の現物経済が銀経済へと変転し、社会の流動性が急激に高まってきたからである。厳格であった戸籍制度もタガが弛み、そこからこぼれ落ちる者が次第に増加した。とりわけ農民間の貧富の格差は里甲制の維持を困難にし、戸籍を捨て

図21　流民図

て他郷に流れる破産農民を輩出することになった。

彼らの向かう先は大きく三方向あった。一つは当時の商品経済の発展の影響で、農村よりも格段にキャパシティーの膨らんだ都市。種々のサービス業や無頼あるいは資産家の奴僕などが彼らの受け皿となった。二つ目は官憲の支配のおよばない山間部。なかでも行政の空白区である省境地帯の「不干地《ふかんち》」には多くの流民が押し寄せ、のちの反乱の温床が形成された。三つ目は国外。沿海民は海禁を犯して出国し、北辺の人々は辺禁を破って長城を越境した。一六世紀南北辺境の騒擾の原因は、彼らの存在があずかって大きい。

すでに一五世紀中葉の中国東南部では、銀山の鉱夫と流民を主体とした「葉宗留《しょうそうりゅう》の乱（一四四六年）」や、佃戸（小作人）の反乱である「鄧茂七《とうもしち》の乱（一四四八年）」が起こり、元末以来の大規模民衆反乱に見舞われていた。二つの民衆反乱は、一方は亡命の徒（流亡の無産者）、他方は民戸の階層間の対立に起因し、ともに戸籍制度の揺らぎから発生したものであった。もともと明の戸籍制度は現物経済を前提とした固定的なものであり、現物経済から銀経済へと転換する過程で、それに対応できない小農民は破産農民や流民にならざるを得なかった。

流民の多くは禁山区に逃げ込み、耕地を開墾して定住を開始したことから治安上無視できなくなっていく。なかでも河南・湖北・陝西の三省交界地帯の荊襄《けいじょう》山区では、早くも一五世紀中葉には流民の数が一五〇〇万人に達し飽和状態に近づいていた。事態を危惧した明朝が取締まりを強化したため、彼らは天順八年(一四六四)に蜂起し、その勢力は瞬く間に数十万人に膨れ上がった。「荊襄の乱」の勃発である。

明朝は招撫と弾圧の硬軟織り交ぜた策をとり、成化七年(一四七一)には軍務総督項忠が徹底して流民を殺し尽くし、数十万人を原籍送還して反乱に終止符を打った。この間、死者の数も数十万にのぼったため、戦功を誇って項忠が建てた「平荊襄碑」を、人々は「堕涙碑《だるいひ》」と呼んで項忠を冷笑したという。けっきょく明朝は原籍主義を撤回して附籍主義に転換し、流民を里甲に編成して新たに鄖陽《うんよう》府を置いたが、現地の混乱はその後も止むことはなかった。社会の地殻変動は武力をもってしても、如何ともし難かったのである。

弘治の中興

成化帝を継いだのは広西省のヤオ族出身の母親を持つ孝宗弘治帝(在位一四八七〜一五〇五)である。彼の時代は比較的安定していたため、後世の史家は弘治帝を「中興の祖」と称える。そんな彼の手掛けた仕事に法制の整備がある。『明律』の副次法典としての「問刑条例」と、明代の国制総攬ともいうべき『大明会典』の編纂である。

『明律』は洪武三〇年に最終的に確定して以後、その後は朱元璋の「一字も改易すべからず」(『皇明祖訓』序)の方針のもと、必要に応じて条例を制定しては律の不備を補った。だが年月が経過すれば条例数は増加するし、時勢にそぐわないものや相互矛盾が生じざるを得ない。量刑の基準も曖昧となり、刑法の土台が揺らいできたのである。

弘治帝は刑部・都察院・大理寺の三法司に命じて現行の条例中から有用な箇条を選ばせ、「問刑条例」二七九条として『明律』と併用することを決定した。弘治一三年(一五〇〇)二月のことだ。これを一般に「弘治問刑条例」という。以後、「問刑条例」は明が滅ぶまでの約一五〇年間、嘉靖二九年(一五五〇)、嘉靖三四年、万暦一三年(一五八五)の三度にわたり重修・増補され、『明律』とともに裁判規範として通行した。

刑法典の『明律』に対する行政法典の『明令』は、歴代の令と異なり律的な要素が強く、編纂後ほどなく『明律』に吸収されて『明令』自体は死文化してしまう。代わって『大明官制』『諸司職掌』などの政書や、皇帝が下した詔令などが先例として利用された。ただし先例主義の行政には制度や先例全体の把握が必要なため、それらすべてをカバーする「会要典章」、略して「会典」という形式の国制総攬が新たに求められた。

約五年の歳月を費やし弘治一五年(一五〇二)一二月に完成した『大明会典』だが、正式に刊行されたのは正徳六年(一五一一)四月のことであった。そこから一般には『正徳大明会典』と称されるが、じつは『弘治大明会典』と呼ぶのがふさわしい。その後、嘉靖年間に重修が試みられたが実現を見ず、明代にはこの『正徳会典』と万暦一五年(一五八七)に重修された『万暦会典』の二種を数えるのみである。

弘治年間に「問刑条例」と「会典」が編纂されたのは、この時代が一つの転換期であったことを明確に物語る。明初体制の揺らぎに対症療法ですませてきた国家が、一度立ち止まって現状を総括したのが弘治時代であった。その成果が先の両書であり、これを起点に明後半期の政治が開始される。弘治帝はその晩年内朝を復活し、大学士と面対して政治を論議したことで知られる。先の両書の編纂といい、彼の時代はまだ政界の健全さが完全には失われていなかったということだろう。

社会風潮の変化

とはいえ、成化・弘治年間は明初体制の崩壊へと着実に歩を進めた時期でもあった。それを後押ししたのは社会経済の発展で、現物経済を前提とした国初のつましい生活は見事に一変した。商品生産と銀流通の拡大が、都市住民の購買欲の増大と消費活動の活発化をうながし、沈滞していた明初の経済を一五世紀後半には上向きに転じさせる。首都北京をはじめ蘇州などの江南諸都市が、往時の繁栄を取り戻すのはこの頃のことである。

当然といえば当然だが、経済の活況とともに民間では奢侈の風潮が徐々に蔓延した。この風潮は明初体制の根幹をなす固定的な身分秩序にも影響せざるを得ない。成化年間の北京では「近来京城の内外、風俗侈《し》を尚び、貴賤に拘わらず、概ね織金（金襴）・宝石を用い、服飾は僭擬して度なし」（『明憲宗実録』成化六年一二月庚午）といわれるように、国初の厳格な上下の身分秩序も、服飾面ではほとんど無意味なものへと化しつつあった。

服飾の乱れはある意味、当時の人々の意識のありようの反映でもある。明末に多数編纂された地方志の「風俗」の項を見ると、社会の気風が国初と大きく変化したことを強調するものが多い。朱元璋によって他律的に固定された身分秩序――それはまたあるべき儒教的秩序――が崩れ、下位者が上位者を犯し、若者が年寄りをないがしろにし、奴僕が主人に歯向かい、佃戸が地主に逆らう等、下位者が下位者の分を守らなくなったとの知識人の慨嘆が吐露される。彼らによれば、そんな変化の節目となったのが一五世紀末から一六世紀初頭のことで、国初の良風・美徳は成化・弘治年間を境に失われたという。

下位者が自己の分を守らないのは、一面では上位者が自己の責務を放棄したことへの異議申し立てでもある。明末の知識人は上位者である官僚のモラルの低下も、先の節目の時代に顕著になったと指摘する。明の最末期を生きた文人沈徳符《しんとくふ》が、「国朝（明朝）の士風は正統の頃より衰えを見せ、成化にいたって潰えてしまった」（『万暦野獲編』巻二一、士人無頼）と述べるのも、決して彼一人だけの見立てではない。

こうした変化を時代の節目の真っただ中にいた人々が、どれだけ正確に認識できたかは疑わしい。だが認識できようができまいが、社会は間違いなく変化していた。動揺しつつも依然として存在する明初体制と伝統的価値観の縛り。それに抗うかのような社会の変動の中で、新たな価値観を見出せないまま時代は逼塞状態に陥っていた。そんな鬱屈した世相を反映してか、やがてこの時代を象徴する二人の個性的な人物が登場する。一人は明朝第一一代皇帝武宗正徳帝。もう一人は明代最大の思想家王陽明（名は守仁）である。

正徳という時代

武宗正徳帝（在位一五〇五～二一）は皇太子時代には学問を好み、武芸にも秀でて将来を嘱望されていたといわれる。その一方で遊び好きの一面もあり、父の弘治帝もその点だけが気懸かりであった。案の定、彼は一五歳で皇帝になると一切の政務を放棄し、放縦逸楽《ほうしょういつらく》な生活に耽溺する。その常軌を逸した奇行は清代に『明武宗外紀』という外伝を生むほどで、これほど無軌道で支離滅裂な皇帝は中国史上でも珍しい。

図22　武宗正徳帝

皇太子時代に遊んだ町の喧騒が忘れがたく、宮中で商店を開き商人のなりをして悦に入ったり、同じく宮中で宦官を集めて軍事訓練を行い、戦争ごっこを始めたりもした。これが高じて、彼は自分で自分を総督軍務・威武大将軍・総兵官に任命し、大軍を率いてモンゴルへの親征を敢行する。もちろんモンゴル軍の掃滅など夢のまた夢で、彼はただ大将軍として軍隊の先頭に立って行軍することに喜びを感じていた。しかも遠征中に民家の婦女を掠めては淫楽にふけったため、皇帝の軍隊が来ると沿路の住民たちは戸締りをしてみな逃げ出したという。

正徳帝の権威を笠に、実権をにぎったのが宦官の劉瑾《りゅうきん》である。彼は鷹狩りや芝居など、帝の歓心を買うことで司礼監掌印太監にまで登りつめると、腹心の吏部尚書焦芳《しょうほう》を表の内閣にすえ、表と裏とで連携して政治を壟断した。東廠・西廠の特務機関を駆使して反対派を弾圧し、正義派官僚に奸党《かんとう》の汚名を着せて政界から一掃すると、自派の閹党《えんとう》(宦官党)で要職を独占した。この間、チベット仏教を盲信する正徳帝は皇城西の西苑に豹房といういかがわしい寺院を建て、僧や楽人を集めて美女と戯れ一切政治を顧みようとしなかった。

劉瑾専権のもとで賄賂政治がはびこると、官僚の昇進も賄賂しだい。軍功を立てても付け届けがないと処罰されるとあっては、軍隊の綱紀は弛んで退嬰的になっても仕方がない。地方の治安も乱れ、ひざもとで起こった無頼劉六・劉七の乱にも、鎮圧に二年も費やすありさまであった。この中央・地方をあげての混乱は、劉瑾が正徳五年(一五一〇)に謀反の罪で処刑されても止まず、正徳帝の素行もまったく改まることはなかった。

こんな事態を見て宗室の中にも謀反を企てる者が次々と現れる。特に正徳一四年に南昌(江西省)の寧王朱宸濠《しゅしんごう》が挙兵した時は、かねて江南巡行を望んでいた帝は喜んで親征するが、南京到着前に南贛《なんかん》巡撫の王守仁(王陽明)に平定されたため翌年北京に帰還した。だが道中でも彼の遊行気分は抜けきらず、淮安(江蘇省)で舟遊びをした際、魚を捕ろうとして水に溺れかけ、それがもとで体調を崩し一年後に亡くなった。享年三一。遺詔の中でおのれの今までの過ちを認めたものの、すべて廷臣たちが正徳帝の死後に立案起草したもので彼の本意ではない。

時代の申し子

一六世紀初頭の正徳時代は明初体制の揺らぎが増幅し、新しい社会の胎動がようやく意識されだした時期に当たる。伝統的価値観は依然社会を覆っていたが、それを突き破ろうとする動きが各方面で現れる。上向きに転じた経済と社会風潮の変化が追い風となり、人々は自分の置かれている境遇に目をやり自己主張を始めたわけだ。こうなると、既成の秩序で人々の行動を

図23　王陽明

規制することはきわめて難しい。いくら伝統的秩序でも不合理であれば下位者も黙っておらず、ここかしこで秩序の転倒現象が起こり出す。

　こうした動きを端的に示すのが陽明学の勃興である。王陽明(一四七二～一五二九)の創始した陽明学の基本テーゼは「心即理」だが、これは自分の心こそが道理の根拠だというもので、既存のあるべき秩序すなわち外物に道理を求める(性即理)朱子学と真っ向から対立する。王陽明の有名な言葉に「之を心に求めて非なれば、その言の孔子に出《い》づと雖も、敢えて以って是と為さず」(『伝習録』巻中、答羅整庵少宰書)というのがある。まさに当時の社会の気風を汲み取り、下位者の目線で儒教的秩序を捉え直したのが陽明学に他ならなかった(陽明学については後述)。

　かたや奇抜な行動のみが注目される正徳帝だが、彼は決して無能な皇帝ではない。ただ、彼の何事にも縛られない奔放な性格は、絶対帝制下の皇帝の不自由さや孤独を、誰にも増して彼に痛感させたに違いない。宦官や佞倖《ねいこう》などの側近しか信頼しなかったのもそのためで、既成の秩序への社会の反発と同様、彼は自分を頂点とする伝統的秩序そのものに抵抗していたのではないか。どうにもならない状況下で放蕩生活の中に身をまかせ、必死にあがいていたというのが実状に近い。

牢固として存在する旧体制と新社会の芽生えとが葛藤する中、その軋轢に人格破綻を起こしたのが正徳帝であり、独自の思弁で乗り越えようとしたのが王陽明であった。その意味では二人は時代の申し子であり、まさしくこの時代の光と影を象徴する存在だとみなし得る。彼らはコインの裏表であり、どちらを欠いてもこの時代を理解することはできない。まさに激動の一六世紀のとば口を飾るにふさわしい二人だといっても過言ではなかろう。

第四章　北虜南倭の世紀

一　嘉靖新政の幻想

長い明末

日本の中国史学界では戦後一貫して八〜一一世紀の唐宋変革期とともに、一六〜一七世紀の明末清初期も高い関心を集めてきた。戦後の歴史学界における唯物史観の盛り上がりの中、「世界史の基本法則」に基づき当該時期を中世封建制の崩壊期(または近代資本主義の萌芽期)、さらには封建制の再編期、はたまた確立期と見るなど、さまざまな説が主張されたのである。唯物史観の退潮とともにこうした議論はすっかり姿を消したが、それでも明末清初の変動期が注目を浴びていることは今も変わりはない。

その際、日本の中国史研究者の主張する明末という時代のスパンは、字面のイメージよりもかなり長い。社会の変化を明確に意識しだす嘉靖(一五二二〜六六)年間から万暦年間(一五七三〜一六二〇)を経て、明朝最末期の天啓(一六二一〜二七)・崇禎(一六二八〜四四)年間にいたる優に一世紀を超える期間が漠然と明末と呼ばれているのである。

明末が長い理由は他でもない。一五世紀末〜一六世紀初の明代史の転換点を過ぎて、明初体制のほころびが決定的となる嘉靖年間を境に、明末を特徴づける諸矛盾が顕在化することによる。やがてそれらの矛盾が国家と社会の相克を先鋭化させ、最後は社会の側から民衆反乱が起こって国家が転覆する。この嘉靖以後長期にわたる同質の波長の一つながりの時代が、「長い明末」として理解されたわけだ。

農村と都市の連関構造

この時代の社会経済面での特徴としてまず上げるべきは、明初とは打って変わった商業化と都市化の進展であろう。各地に興った商工業都市では、かつてないほど大々的に商品経済が展開し、生産された大量の商品は国内ばかりか広く海外にも輸出された。とりわけ江南地方の活況はひときわで、蘇州や湖州の絹織物、松江の綿織物、景徳鎮（江西）の陶磁器、仏山鎮（広東）の鉄器製品などは分業方式で大量に生産されて広く江湖の好評を博した。また、小農民が家計の補助として始めた商品生産も盛んとなり、長江デルタの養蚕業や絹織物業、あるいは綿業は都市の手工業と相俟って大いに発展した。

宋代以来の農地開発もすでに飽和状態となった長江下流域では、水稲栽培から綿花栽培や桑栽培へと切り替える農家も増え、穀倉地帯は中流域に取って代わられる。このため下流域の食糧は中流域の米穀によってまかなわれ、前代以来の「蘇湖《そこ》（江浙《こうせつ》）熟せば天下足る」に代わり、

「湖広《ここう》(湖北・湖南)熟せば天下足る」の俗諺が生まれるにいたる。地域に特化したさまざまな商品が生産され、地域間での経済の相互依存と分業体制も次第に確立した。

生産された商品は、山西商人や徽州商人などの客商(遠隔地商人)によって全国にもたらされ、流通の結節点には都市と並んで新たに市や鎮などの市場町が叢生した。都市に流入する商品は富裕層の奢侈的生活をささえ、彼らを目当てに服飾業・飲食業・娯楽業・運輸業など種々のサービス業も繁盛する。今まで郷居が一般的であった官僚・士大夫や大地主の城居化が進むのもこの頃のことである。とりわけ現職・休職・退職中の官僚や科挙体系につながる挙人・監生・生員などは、当時「郷紳」とか「紳士」と呼ばれて、都市や市鎮を拠点に地方政治に大きな影響力をおよぼすようになった。

彼ら城居地主は佃戸の小作料に寄生し、農業経営からは完全に遊離した。従来彼らが郷村で担っていた再生産のための諸業務(水利を主とした共同作業の指揮・監督など)は在地の中小地主に転嫁され、その体力を奪っていった。加えて郷紳には勢力に任せて土地を強奪したり、徭役の免除特権(優免)を利用して土地の寄託を受けたり(投献)、あるいは土地を多くの戸に分散して税役を免れる者も少なくなかった(詭寄《きき》)。一部の特権層に土地が集中する一方で、多くの者が土地を失い没落する。こんな弊害をなくそうと、さまざまな土地改革・賦役改革が江南地方を中心に実施されだすのも嘉靖以後のことである。

ありていにいって、都市の繁栄は農村の疲弊の上に成り立っていた。それゆえ都市のあり余る商品と職業獲得への期待は、商業化の洗礼を受けた農民にとって大きな魅力となった。彼らが重い税役を嫌って土地を捨て、都市や市鎮に流入したのも当然である。同時代を生きた何良俊(一五〇六~七三)は いささか誇張気味に、当時の離農者は農民の六、七割にまで達したと指摘する(『四友斎叢説』巻一三)。それはまた明初に制定された一一〇戸の戸数原則に基づく里甲制が、もはや十分に機能し得なくなったことを意味しよう。長い明末には社会の流動化も進展するが、その背景には農村・都市間のこうした連関構造のあったことを知らねばならない。

大礼の議

無軌道な生涯を送った正徳帝が跡継ぎを残さずに世を去ると、さっそく後継者問題が浮上した。首輔大学士楊廷和は正徳帝の母張皇太后と謀って遺詔を作成し、弘治帝の弟興献王の嫡子朱厚熜《しゅこうそう》つまり正徳帝の従弟を外藩から迎えて帝位に即けた。世宗嘉靖帝(在位一五二一~六六)である。新帝が封地の安陸(湖北省)から北京に到達するまでの三七日間、楊廷和らは先帝正徳帝の取り巻きを排除し、悪名高い豹房の廃止や政治犯の釈放、不急の事案を中止するなどして正徳時代の宿弊を取り去った。

だが、嘉靖帝が北京に到着してほどなく亡父の処遇をめぐり、帝と閣臣とのあいだに亀裂が生じることになる。実父興献王を太廟に皇考(亡父帝)として祀りたい嘉靖帝に対し、楊廷和ら閣臣たちは弘治帝を皇考、興献王を皇叔父とするよう強く要求したからである。当初守勢気味であった嘉靖帝だが、やがて張璁《ちょうそう》らの新進官僚の支持を得たことで、両者の対立は「大礼の議」と呼ばれる政争へと発展する。

図24　嘉靖帝

　外藩から入京して、いまだ基盤の確立していないわずか一五歳の嘉靖帝にとり、興献王を皇考と呼べるか否かは、今後の政権運営を占う上での試金石であった。弘治帝を皇考として認めてしまえば楊廷和らの閣臣に取り込まれ、即位早々に政治の主導権を失ってしまう。かたや楊廷和らは弘治・正徳の間に築いた政界内での権勢護持のためにも、嘉靖帝による弘治帝の皇統の継承は譲れない一線であった。また張璁らは楊廷和らの旧臣たちの影響力を排除して、新政を実現するためにも嘉靖帝を積極的に支持した。

　閣臣たちと嘉靖帝側の互いの利益が真正面からぶつかり合う中、張璁らは子の親を思う人情を強調することで嘉靖帝の行動を正当化し、次第に有利に導いていった。頑なな皇帝の姿勢に根負けした楊廷和らが辞職した嘉靖三年(一五二四)、嘉靖帝は反対派を弾圧して父親を皇考献

った。

嘉靖新政

大礼の議の混乱や道教の丹薬の服用で中毒死したりしたことから、嘉靖帝には常に凡庸な皇帝のイメージが付きまとう。ところが近年、こうした暗君然たる嘉靖帝像に対し一部修正が求められている。嘉靖前期には革新的な政策が試みられたとして、彼の治績と嘉靖時代が新たな脚光を浴びているのである。

もちろん、それが直接嘉靖帝の有能さを示す証拠にはならないだろう。じっさい、嘉靖前期の諸改革も礼制方面を除けば、基本的にはすべてブレインが考案したものであった。なかでも張璁は嘉靖六年(一五二七)に入閣すると八年以後は首輔大学士として手腕を振るい、さまざまな改革に携わった。特に注目すべきは政治面での宦官勢力の削減である。

明代には司礼監などの宮中の宦官とは別に、地方には鎮守太監や市舶太監が存在した。前者は全国の要地に配置されて地方防衛を担当し、後者は市舶司での朝貢業務と朝貢貿易を監視した。ところが明中期にいたり、彼らは地方政治に容喙したり私腹を肥やすなどして大きな弊害を生みだす。ことに劉瑾専権時代には、子飼いの宦官をこれらの職につけたため、中央と地方とが連動して腐敗が蔓延した。張璁による地方宦官の裁革はそうした事態にメスを入れるもので、その措置により地方の宿弊はある程度の解消を見た。

財政面での立て直しも企図された。もともと、民間では有力者の土地集積(兼併)や税役負担の不均衡が顕在化し、貧富の差は拡大する一方であった。宗室、外戚、功臣や官僚・士大夫は強奪や投献などの手段で大土地所有を展開し、優免特権によって免除された徭役を一般農民に押し付けたからである。しわ寄せを受けた貧しい農民は、いっそう窮乏するか没落するしかない。それがまた国家の把握する土地の減少と税の減収を招いていたのである。

新政の改革案では宗室や勲戚が所有する荘田の清査・丈量を行い、不法に占拠した土地はもとの所有者に返還するものとされた。これと並行して嘉靖九年には賦役制度改革も計画され、各省の人丁(成人男性)数と税糧とを各々合算して基準額を割り出し、丁と糧にそれぞれ直接課して銀で徴する新税法も提唱された。これが一般には一条鞭法の濫觴だとされる。このほか数万人規模に膨れ上がった宗室への禄米の削減、功臣の世襲の禁止、冗官(余剰人員)の裁革、官界の綱紀粛正、科挙制度の改革などが矢継ぎ早に打ち出され、財政再建と体制の引き締めが図られた。

新政の終焉

もっとも、宦官の削減や功臣の世襲の禁止を除けば先の諸改革がどれだけ実効を上げたかは定かでない。改革は嘉靖前半期に集中しており、改革推進者同士の不和や政界からの退場もあり、嘉靖二〇年前後にはすでに新政の熱狂自体がすっかり冷めてしまった。嘉靖帝自身が大礼の議や礼制改革で本願成就を遂げ、新政への意欲が急激に薄れたことも一因だろう。そんな彼の心の隙間に忍び込んできたのが現世利益を求める道教である。

かねてより道教に帰依していた嘉靖帝だが、狂信へと変化するのは新政が終息する嘉靖二〇年前後のことである。後宮の女官らによる嘉靖帝暗殺未遂事件(壬寅宮変)が、それに追い撃ちをかけた。これ以後、嘉靖帝は内廷の西隣の西苑に籠もり、不老長生のための斎醮《せいしょう》(道教の祀り)に没頭する。当時の内閣大学士は青詞(道教の祭文)作りの優劣で選ばれたため、「青詞宰相」という言葉が生まれたほどだ。この間、嘉靖帝は贔屓《ひいき》の大臣を西苑に呼んで自ら政策決定を行うなど、政治の主導権だけは手放そうとしなかった。しかも偏狭で酷烈な性格の彼は、意に沿わねば大臣でも容赦なく廷杖の刑を加え、時には死刑に処すこともあった。

こんな嘉靖帝の顔色をうかがい、青詞作りの特技を生かして長期政権を維持したのが厳嵩《げんすう》である。彼は嘉靖朝後半の一五年間、首輔大学士として絶大な権力をにぎり、息子の工部侍郎厳世蕃とともに「大丞相」「小丞相」と呼ばれて賄賂政治を展開した。故郷の江西には数県にまたがる良田をもち、集めた金銀財宝の数は計り知れず。銀両は自宅の庭に穴を掘って隠していたが、最後は厳世蕃の不正に連座して財産を没収され、不遇のうちに世を去った。嘉靖後半には、官界トップの首輔大学士にしてこの始末である。

当初、大礼の議で嘉靖帝を支持した勢力には陽明学を奉じる者が多かった。彼らは陽明学の「礼は人情による」との見地から、嘉靖帝の実父を思う人情に理解を示し、大礼の議では嘉靖帝を積極的に支援した。ほんらい人情と道理とは調和できないものではない。じじつ純粋な人情（良知）で道理を定立していくのが、陽明学の立場であった。

問題は、人情が道理を超えて独り歩きを始め、欲望に転化して私利の追求へと発展したときである。厳嵩の行状がひとまずそれに当たるが、嘉靖帝の私情に基づく実父へのこだわりや不老長生という究極の私利追求も、その例外ではない。皇帝という絶対権力者の欲念が無際限に膨らみ、皇帝一己の「大私」が臆面もなく主張されたわけで、そのかぎりで個人の欲望をとことん追求した先代の正徳帝と何ら選ぶところはない。

だが、この事実は厳嵩や嘉靖帝だけが特異であることを意味しない。嘉靖末期に厳嵩に代わって政権を担当した陽明学者の徐階がよい例である。彼は一般には正義派官僚として厳嵩とよく比較されるが、その彼にして故郷の松江には二四万畝《ムー》（一畝は約五・八アール）の田土を所有し、子弟や僮僕が横暴を極めて晩年には弾劾を被らざるを得なかった。朝野を挙げての私利の追求は、正義派官僚とて例外ではなかったということだ。嘉靖新政を幻想に終わらせた抗し難い時代の力を、そこに認めないわけにはいかないだろう。

奢侈の奨励

非常に興味深いことに、嘉靖年間になると私利追求の時代風潮に抗うよりは、その風潮を牽引する富裕層の奢侈に公利を求める奇抜な思想が登場する。徐階の郷里に近い松江府上海県に

図 25　富裕層の船遊び（左は雑劇『鞭歌妓』，右は『花舫録』の挿絵）

生まれ（徐階は華亭県出身）、徐階の前半生とほぼ重なる時代を生きた陸楫《りくしゅう》（一五一五〜五二）という人物の見解である。彼は監生の身分のまま出仕せずに在野で諸書を渉猟し、先進地江南デルタの風俗を観察して、その著『蒹葭《けんか》堂稿《どうこう》』の中に貴重な一文を残した。

一介の監生にすぎない彼が青史に名をとどめるのは、一言でいってその主張の特異性による。倹約を美徳とする当時にあって彼は奢侈の効用を説き、都市の富裕層の衣服・飲食・乗輿・遊山等での奢侈が、庶民層の生活を救済するとして大いに奨励したのである。陸楫はいう。「富商・大賈・豪家・巨族が……梁肉（上等の料理）を食らって贅沢すれば、それを作る農民も料理人もその利益を

分有し、彼らが紈綺《がんき》(美しい衣服)を着て贅沢すれば、売る者も織る者もその利益を分有することになる」(『蒹葭堂雑著摘抄』)。金持ちの奢侈が庶民に就業の機会を与え、彼らの生活を保障するというわけだ。

彼の主張の根底にあるのは、庶民=下位者が没落すれば秩序の枠組みが崩れ、自分(陸楫)を含む上位者の立脚基盤がなくなることへの危機感である。全体秩序が維持されてこそ上下双方が所を得るとの中国的論理に基づく発想に他ならない。各自に上下の分を順守させて秩序維持を図るのが国家だとすれば、陸楫の論は下位者の救済を重視する点で、たしかに社会の側に立っていた。三四頁の図8でいえば、奢侈の禁令は統制を主体とした国家による「支配の論理」の実践であり、陸楫のいう奢侈の肯定は、社会の側からより良き支配を国家に求める「被支配の論理」の一つの具体表現であった。

なるほど、庶民層の生活保障で全体秩序を維持することは歴代の王朝も行ってきた。だが都市の富裕層の奢侈に保障の原資を見出したのは陸楫を嚆矢とする。先進地江南を中心に多くの富裕層が奢侈を競い、激化する社会矛盾を実地に見聞した彼だからこその提言だといってよい。伝統的価値観を揺るがす明末の混沌とした社会風気も大きく影響していたに違いない。奢侈肯定論はこの時期、この人にして初めて生まれ得た。

陸楫以後も奢侈肯定論は見られるが、率直にいって陸楫ほどの切迫さは感じられない。奢侈があまりに普遍化して、多様な職種への就業が常態化したためだと解される。ひるがえって陸楫の時代は農村と都市の格差が拡がり、破産農民の都市への流入が今までにもまして顕著となっていた。彼の主張はそうした事態に対するある種の警告でもあった。けっきょく奢侈は時代とともに蔓延したが、都市の受け皿の容量を超えて小農民は没落し、社会の不穏状況を醸していった。陸楫は鋭敏な感覚でそんな未来を予測していたのかもしれない。嘉靖年間が「長い明末」の始まりだということだけは、間違いなくいえそうである。

二　辺境地帯の騒擾

交易の現場

大礼問題で揺れる嘉靖二年（一五二三）四月、日本の二組の遣明使節が競うように寧波港に来航した。衰退した室町幕府に代わって遣明船を経営する周防《すおう》（山口県）の大内氏と管領家の細川氏の船であった。大内氏の遣明船派遣を知った細川氏が、急遽船を仕立てて追走してきたのである。やがて朝貢をめぐる主導権争いから、大内氏一行が細川氏側の正使鸞岡瑞佐《らんこうずいさ》を殺害、副使宋素卿を紹興（浙江）まで追ったが捕殺することができず、帰路の沿道で放火・狼藉・殺戮を行い、あげくに明船を奪って日本に逃亡するという事件が勃発する。世にいう「寧波の乱（寧波争貢事件)」である。日本国内の抗争をそのまま明に持ち込んだものであったが、明側にすれば完全に面子をつぶされた形であった。

図26　寧波の三江口(2001年当時)

日本の遣明使節の殺傷沙汰自体、すでに一五世紀半ばからたびたび起こっており、朝貢貿易にまつわるトラブルも少なくなかった。使節一行は少しでも利益をあげようと交易品の値段交渉は命懸けであった。明側も出費を抑えるために、貢期の厳命や使節の人数制限を行った他、回賜の額や供応費を削減するなどして対抗した。寧波の乱から一五年ほどのちに入貢した妙智院の僧策彦周良《さくげんしゅうりょう》の『入明記』によれば、明の支給した米は赤みがかって古く酒も薄くて濁っており、酢や醤油も水が混ざっていたという。この頃になると朝貢制度への明の熱意は、国初と打って変わって冷めたものになっていた。

寧波の乱を契機に日明関係はしばらく中断し、策彦等一行が入貢して交流が再開するのは嘉靖一九年(一五四〇)のことである。その九年後の嘉靖二八年(一五四九)の入明を最後に、大内氏の滅亡により正式な日明貿易は完全に消滅する。日本が受領した勘合は正徳勘合までで、嘉靖勘合は最後まで与えられなかった。寧波の乱後、明は危険を孕む日本との交流には消極的で、日明貿易は非合法な密貿易が主流となっていく。

同じ時期、南の玄関口である広州でも大きな変化が起こっていた。正徳末年の広州では、軍事費調達のために朝貢船の附搭貨物に二割の関税(抽分)を課し、残りの貨物も民間商人との交易を認める措置が採用された。これだけに止まっておれば、国初以来の朝貢一元体制から完全には逸脱するものではない。しかし現実は必ずしもそうではなかった。広州の地方官は朝貢船以外の民間商船の入港も黙認し、それからも抽分を行ったからである。非合法な交易活動が地方の公的機関によって堂々と開始されたわけだ。

その後いささかの紆余曲折を経て、広州では貢期前の朝貢船であろうと商船であろうと、すべて入港を認めて関税を徴集する慣行が定着する。もっとも、周辺諸国からすれば商船による民間貿易が黙認されれば、わざわざ朝貢の形式を踏む必要はない。国初に定められた朝貢一元体制は、少なくとも広州に限っていえば、ほとんど有名無実化してしまった。政治主導の朝貢一元体制も、経済原理で動く交易の魅力には抗えなかったということだろう。一六世紀半ば近くになると、交易の現場も「長い明末」の波長の中にしっかり取り込まれていたのである。

ポルトガル人の来航

何かと騒々しい中国東南沿海部に、新たな勢力が登場するのが同じく正徳末年のことである。

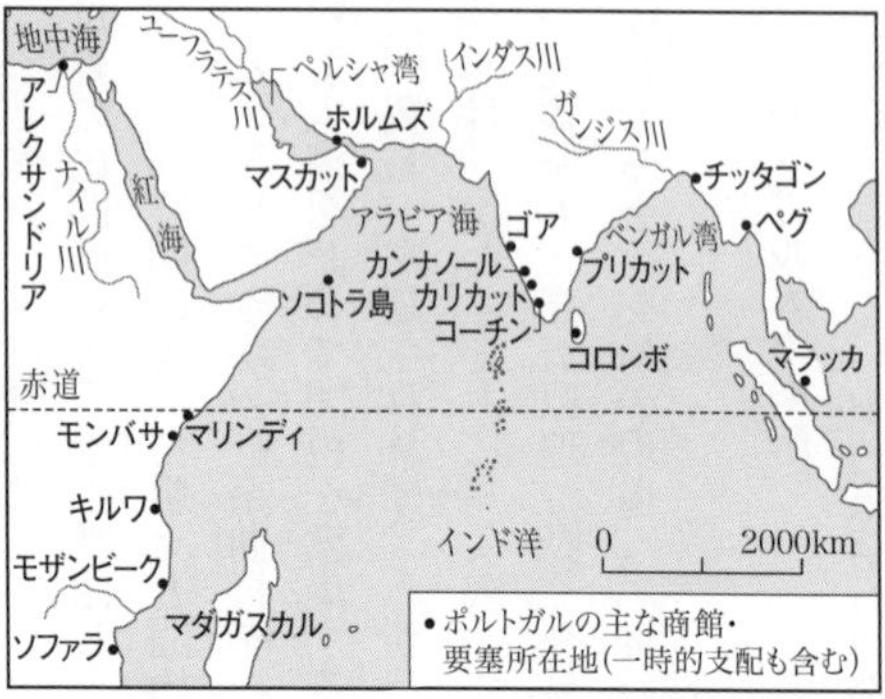

図27　ポルトガルの「海の帝国」1520年ごろ

一五世紀後半からの西洋諸国の世界進出、いわゆる大航海時代が始まると、東回りでアジアに到達したポルトガル勢力が突然広州に姿を現すことになる。これより以前、ポルトガル勢力は本国の強い後援を受けて、アフリカからアラビア・インド・東南アジアの海の拠点を武力で押さえ、インドのゴアに国王代理の副王(インド総督)を置いて、インド洋海域に海上帝国を築き上げた。

このうち東アジア地域と関連して最も重要な拠点は、マレー半島西岸のムスリム国家マラッカであった。南シナ海とインド洋との結節点にある港市国家マラッカは、明の初めに鄭和艦隊がインド洋への出航地として利用して以来、一五世紀を通じて東南アジア産品の集荷と外国商品の配送基地として繁栄した。そのマラッカを激しい戦闘の末、ポルトガル勢力が占領したのが一五一一年。彼らは多くのムスリムを殺戮するとともに、東西貿易の十字路マラッカを拠点にインド以東の東南アジア地域との交易を開始した。

ポルトガルが正式に明と交渉を持つのは一五一七年(正徳一二)のことである。この年、インド副王は明と国交を開こうと、かつてマラッカの商館にいたトメ・ピレスを使者として派遣した。東洋に関する地理書『東方諸国記』の著者として知られる人物である。ピレスらは広州に到着すると国交を求めるが、『大明会典』や『皇明祖訓』の中にポルトガル(明では仏郎機《フランキ》という)の名がないことから、要求は拒絶された。この間ピレス一行は中央とコネを作り北京に上京したものの、正徳帝の死去などもあってなかなか事態は進展しなかった。

折悪しく、滅亡したマラッカ王国の亡命政権の使者が来朝し、ポルトガルの蛮行を告げたことで明の警戒心は一気に強まった。さらにポルトガルの冒険商人団が、広州の珠江河口の屯門島を拠点に略奪行為を働いたことも明の神経を逆なでした。彼らの所業を知った明政府は、ピレスとその一行を広州に送り帰して牢獄に監禁する。やがて広州では明軍と冒険商人団との間で戦闘が始まり、敗北したポルトガル人は広州湾から追い出されてしまう。彼らに残された道は、当時沿海部で活発化していた密貿易に参加するしかなかった。

月港と双嶼

一六世紀段階に密貿易の拠点港として隆盛を極めたのは、福建漳州の月港と浙江舟山の双嶼《そうしょ》港である。ともに北京中央から遠く離れた海隅や離島にあり、取締まりが困難な上に豊穣な江南地域を後背地とする地の利を生かして大いに発展した。なかでも月港はすでに前世紀後半の

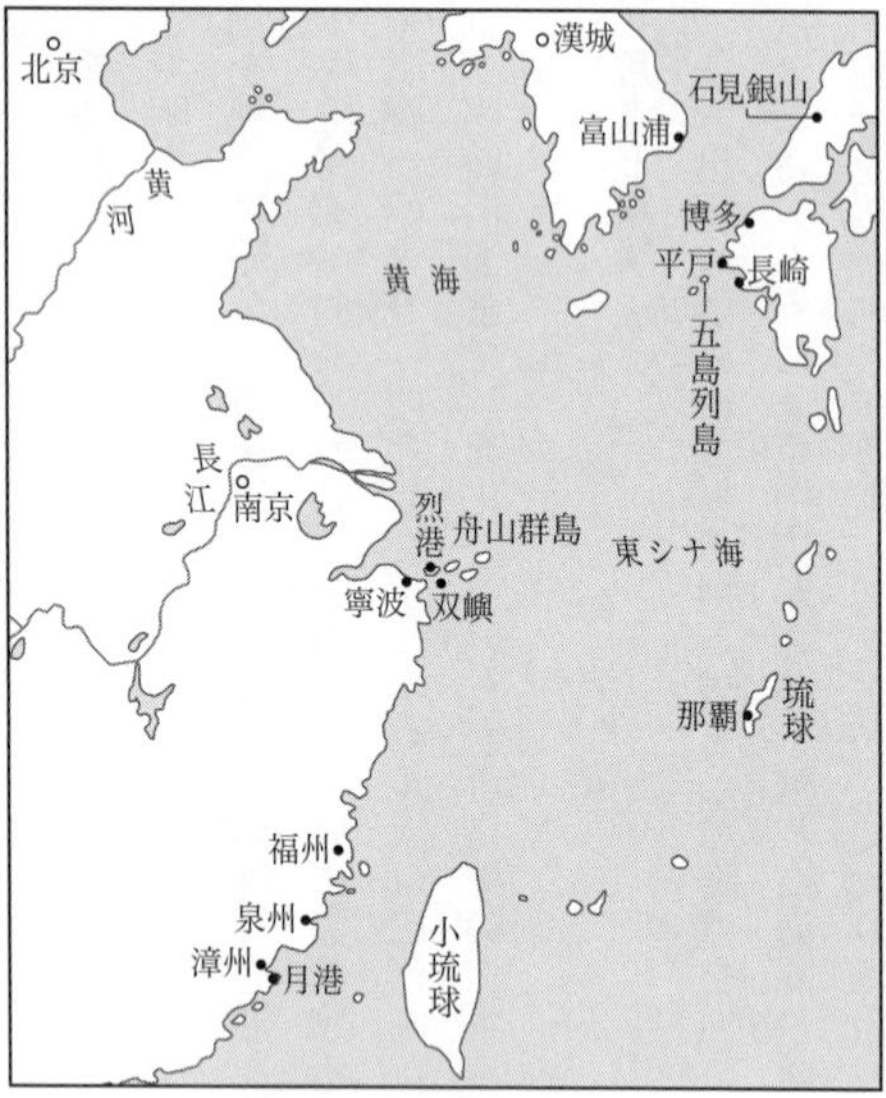

図 28　双嶼と月港

成化・弘治年間に「小蘇杭」と称され、省都福州以上の賑わいを見せていた。

福建は国初以来の密貿易者たちの淵叢だが、この時期の特徴は沿海部の郷紳が地方官憲と結託して密貿易に乗り出したことである。彼らは遠洋航海用の船と資本を用意して「下海通番」の商人に託し、沿海部の貧民層を雇って大っぴらに貿易を行った。また中小の「奸商」も独自に船を仕立てて、官憲の目を盗んでは密貿易を展開した。

一方、双嶼港は寧波沖の舟山群島の六横島にあり、群島全体が伝統的に海民勢力の跋扈する世界であった。元末の群雄方国珍の水軍の主体は彼らであり、明初には彼らを大陸側へ強制移住させて活動を封じたほどである。その舟山の双嶼港が密貿易港として台頭するのは一六世紀の二〇年代。嘉靖五年(一五二六)に鄧獠《とうりょう》という男が福建の監獄を脱獄して、東南アジア諸国を誘致したことに始まる。ほどなく新来のポルトガル人も、彼らのいうリャンポー(寧波《ニンポー》、じつは双嶼)を拠点にアジア貿易を展開した。

やや遅れて日本人も双嶼に到来する。嘉靖二四年(一五四五)、後述する王直が博多津の倭の助左衛門ら三人を双嶼に連れ込んで以来、日本人の双嶼への来航は一気に増加した。日明勘合貿易の最末期であることに加え、日本国内で起こったある画期的な出来事がその動きに拍車をかけた。石見銀山の発見であり、朝鮮からの灰吹き法という銀の精錬法の導入と相俟って、日本での産銀量が爆発的に増大したことによる。

この銀を元手に多くの日本人が双嶼に向かい、購入した高級絹織物や生糸、綿織物、陶磁器、あるいは南海産の香料などを日本に将来しては多額の利益を獲得した。逆に当時の中国は銀不足で銀価も日本に比べて高かったため、中国商人はその差額で莫大な純益をあげた。双方にプラスの日中間の密貿易は年々拡大し、海禁を犯して日本に出かける者も増加する。当時、朝鮮半島には当地で「荒唐船《こうとうせん》」と呼ばれる密貿易船がたびたび漂着するが、それだけ日明間の海上往来が盛んであった証しでもある。

総じていえば、一五世紀以前の密貿易は中国と南海諸国間の往来が中心で、日本のプレゼンスはそれほど高くはなかった。だが日本の産銀量が増大するにつれ、中国国内での日本の比重は確実に増していく。従来からの南海諸国と中国との貿易ルートが日本にまで拡延し、そのルートの途上で月港や双嶼は繁栄したのである。

密貿易者たちの海

もちろん、明政府もこうした事態を座視していたわけではない。嘉靖二六年(一五四七)七月、海上の粛正を目的に清廉剛直で知られる朱紈《しゅがん》を現地に派遣する。彼は浙江巡撫兼福建軍務提督として漳州に着任すると、沿海部に保甲(隣組組織)の連座制をしいて監視を強め、二桅《にき》(二本マスト)以上の遠洋船をすべて破壊して海禁を徹底した。さらに翌年四月には双嶼港を攻撃し、当地に巣食う密貿易者たちに壊滅的な打撃を与えた。

朱紈はこののち、双嶼港に大石や木材を沈めて港湾機能を破壊したので、双嶼の繁栄はわずか二、三〇年足らずで終わりを告げた。ただし、この事実は舟山での密貿易が根絶されたことを意味しない。双嶼攻撃から四十余日後、朱紈は「賊船」一二九〇余隻が外洋を航海しているとの報告を受けた。密貿易者からすれば交易ルート上に位置する舟山の重要性は、いまだ失われていなかったということだ。

そもそも当時の密貿易の構造は、「下海通番」者を掃討すれば問題が解決するような、そんな単純なものではない。大船を建造して公然と貿易を行う郷紳をはじめ、賄賂を受けて密貿易を黙認する地方官府、奸商や豪門・巨室および彼らの手先となって出海する貧民等々、多様な人々による複雑な相互依存の仕組みが沿海部には生まれていた。何よりも朱紈が双嶼攻撃のために福建で徴発した水軍の兵士自体、日頃は平気で密貿易を行う輩であり、官兵と海賊の区別すら定かではなかった。

はっきりいって、郷紳たちは海禁そのものに反対したわけではない。朱紈のように厳格に海禁を実施することで、密貿易が困難になるのを彼らは恐れていた。従来通りの弛緩した海禁こそが彼らの理想であり、朱紈の措置は触れてはならない地域のタブーを犯す行為でもあった。けっきょく郷紳たちの画策で朱紈は弾劾されて免職になり、悲観した彼は北京に召還される前に毒を仰いで自殺する。あれほど引き締められた海禁は再びザル漏れ同然となり、東アジアの海は暴力をともなう無秩序な様相を呈しだす。

華夷の混淆

「華人が外夷に入る」（鄭暁『皇明四夷考』序）と形容された辺境の華夷混淆状態は、決して東南の沿海部だけではなかった。北辺でも一五世紀後半から長城を越境する「私出外境」者が増加し、嘉靖年間になるとその傾向が一段と顕著となる。軍・民による長城外での密貿易が日常茶飯事と化す一方で、官吏の収奪に耐えかね郷里を捨てた農民や、過重な労役を免れるために逃亡した長城地帯の兵士(大同では彼らの反乱が頻発した)、あるいは白蓮教の信者たちなど雑多な人々も新しい世界を求めて越境した。

一六世紀半ば以降になると長城外に亡命華人の集落が形成され、それを当時モンゴル語でバイシンといい、漢字で板升と表記した。もとは漢語の百姓《バイシン》に由来するといわれ、長城外の各地にはこうした大小のバイシンが散在し、そこには約五万人の華人が居住しており、そのうち約一万人が白蓮教徒であったとの記録もある。彼ら華人は遊牧民の中に同化せず、多くは農業に従事しながら華人の生活を維持し続けた。つまり遊牧民と農耕民との文化や言葉の壁を超えた共生的な関係が築かれたわけで、こうした社会を「牧農王国」と呼ぶ研究者も存在する。亡命華人の中にはモンゴルのスパイやブレインとなって、中国への侵略を誘導する者も少なくなかった。

北辺に向かったのは亡命華人だけではない。既述のように、明政府は一五世紀後半から長城を整備して九辺鎮を置き、モンゴルに備えて大量の軍隊を配置した。兵士を養う食糧の多くは商人が北辺まで輸送し、その見返りに商人は塩引(塩の販売手形)を受け取り、それを産塩地で塩と交換して所定の区域(行塩地)で販売した。これを「開中法」という。この結果北辺に近い山西商人が地の利を生かして勃興し、塩商として活躍する。だが、税の銀納化と銀経済の進展により、商人も一五世紀末に産塩地の都転運塩使司や塩課提挙司に直接納銀しだすと(運司納銀制)、産塩地の沿海部に近い徽州商人が新たに台頭して山西商人に対抗した。

納糧から納銀への変化は、北辺での交易ブームをいっそう加速させることになった。国庫の中核をなす戸部の太倉銀庫は歳入の多くをこの塩課銀に負うており、そこから毎年北辺の軍隊を養うために大量の銀(京運年例銀)が長城地帯に投下され、食糧や必要物資はその銀でまかなわれた。それを目当てに多数の商人(辺商)が米穀や各種商品を車に積んで参集し、各辺鎮では銀と商品との取引のための市場が賑わうことになる。

北辺に投じられた銀の一部はこうした商人を介して内地に還流したが、その多くは辺境守備の官僚や軍官に着服されて、要路への賄賂や借金の返済に充てられたため軍事費は常に欠乏を告げていた。また、軍官や商人の中にはそれを元手に密貿易を行う者がいたため、モンゴル側では中国商品への購買欲が高まり、中国との切っても切れない経済関係が築かれる。沿海部と同様、北辺でも銀が交易ブームの仲立ちとなり、辺境の無秩序な華夷混淆状況を常時増幅させていた。

北虜南倭

一五世紀末のモンゴル中興の祖ダヤン・カアンの時代には、明に朝貢して交易を行ったため北辺はわりと平穏であった。だが一六世紀初頭に戦争状態に陥ると、モンゴルにとり密貿易がほとんど唯一の交易手段となる。嘉靖二〇年（一五四一）以後は、ダヤンの孫のトメト部のアルタンが朝貢と馬市（互市）をしきりに求めてきたが、明が拒絶したためアルタンは武力に訴え略奪を繰り返すしかなかった。

嘉靖二九年（一五五〇）八月、アルタンは長城を越えて北京の城下に達し、周辺の村落を手当たり次第に略奪した。この間、恐慌に陥った明政府はなす術もなく傍観するだけで、アルタンは八日間北京を包囲したのち、多くの男女や家畜をさらって悠々と引き上げていった。その年の干支にちなんで「庚戌《こうじゅつ》の変」と呼ばれるこの事件は、モンゴルの脅威を明側に認識させるに十分なものであった。

けっきょく明は大同での馬市を許し、宣府や延綏《えんすい》、寧夏

図29　倭寇（右）と官軍の戦い

等でも開市せざるを得なかった。だがモンゴルへの不信感を拭えない明は、嘉靖帝の強い意向もありわずか一年ばかりですべての馬市を廃止する。アルタンはその後もたびたび貢市（朝貢と馬市）を求めたが、明政府は頑なに拒んで二度と認めようとはしなかった。窮したモンゴルに残された道は中国への侵略しかない。以後約二〇年間、明は求貢拒絶の代償として北からの

脅威に曝され続けることになる。

かたや東南沿海部では密貿易者や海賊など華夷の混淆集団が倭寇と呼ばれ、双嶼の廃港後、舟山群島の金塘山《きんとうざん》の烈港《れっこう》（瀝港《れきこう》）を拠点に活動の幅を広げていた。そのため明政府は馬市の廃止と同じ嘉靖三二年、突如烈港攻撃を敢行する。参将の兪《ゆ》大猷《たいゆう》や湯克寛らの活躍で烈港の倭寇や密貿易者は撃破・放逐され、頭目の王直もこれを最後に日本に逃れ去った。のちに兪大猷は戦勝を記念して烈港を平倭港と改名し石碑を建てている。

この戦い前後から、倭寇の活動は俄然活発化する。明の取締まりに抵抗して、各地の密貿易者たちが凶暴化したのである。これより数年間、毎月のように東南の沿海部は倭寇に侵略され、食糧を奪われたり若い男女がさらわれたりした。これが史上名高い嘉靖大倭寇、すなわち一四・一五世紀の前期倭寇と区別される後期倭寇の実体である。

図30　平倭港碑

北からはモンゴルの侵入、南では倭寇の跳梁という一六世紀中葉の南北の外患を、当時「北《ほく》虜南倭《りょなんわ》」と称して人々は恐れた。一見して無関係のように見えるこの南北の現象も、銀を仲立ちとして生じた辺境での交易ブームの歪《いびつ》な所産であることはいうまでもない。明がそのブームに強引に楔を打ち込み物資の流れを堰き止めたとき、彼らは異議申し立てをして辺境を騒がしたのである。北虜と南倭は決して無関係な存在ではなかったわけだ。

三　朝貢か互市か

籌海論争

意外なことに海禁という用語自体、国初には存在しない。じつは『明実録』中の「海禁」という熟語は、正徳一六年(一五二一)の兵部尚書彭沢の上奏を除けば、すべて一六世紀半ばの朱紈の双嶼港攻撃(一五四八)以後に現れる。海防体制の弛緩にともなう密貿易者の横行と明朝の武力制圧、それに反発した倭寇の猛威に直面して、当時の官僚・知識人たちの間でにわかに海洋論議が沸騰したことによる。

「籌海《ちゅうかい》(海洋対策)論争」とでも呼ぶべきこの論争は、おそらく中国史上最初の海洋論議であり、一六世紀段階の中国国家にとり、海洋がいかに重要な意味を持っていたかを端的に物語る。ただし、その重要性は貿易面や財政面からのそれではなく、海防面・軍事面での危機感に由来している点には注意する必要がある。

論点は二つ。一つは、海防強化のための戦略面・技術面に関する提言。今ひとつは海防に関連して、民間人の出海および貿易(互市)を容認すべきか否かという議論である。激論が戦わされたのは後者の方で、出海容認派は出海禁止措置が密貿易者を生み、彼らが倭寇に転じて猛威を振るっている以上、出海を認めて海洋の安定を図るべきだとする。一方、反対派は出海・互市を許せば外国商人も来航し、沿海部は華夷の混淆が昂じて無秩序になるため、出海の取締まりを強化すべきだという。そこに海禁は洪武帝の祖法だとする別の論拠も加わり、反対派優位の状況はなかなか覆らなかった。

この時、彼らがしきりに口にしたのが「下海通番」という常套句であり、そこには特別のニュアンスが含まれていた。『明律』の「違禁下海」が海商の違禁貨物の所持や違法出海を指すのに対し、下海通番は雑多な沿海民が海外諸国に出向き、密貿易をしたり外夷を誘って略奪を働くことを含意する。沿海部の混乱が増す中、出海反対派は「下海通番の禁」の徹底を強調し、容認派はその緩和を要求して真っ向から対立した。そんな論争の過程で、下海通番の禁の略称である「海禁」という用語が論者の中で次第に定着する。

それゆえ海禁という言葉は、超時代的な単なる出海規制を意味するものではない。一六世紀の「下海通番」という現実と、その対応をめぐる論争から生まれた歴史的用語であり、それを後世の者が明初に遡及して使用しているにすぎない。ちょうど日本の鎖国という言葉が鎖国の実施された一七世紀ではなく、ようやく一九世紀になって生まれたように。体制化された制度を概念化する中で新たな言説が形成されたのである。

明政府が祖法を盾に海禁を放棄しなかったのも、幕末に「鎖国祖法観」で開国に反対した江戸幕府のスタンスと共通する。洪武帝の権威で自己の正当化を図った原理主義者嘉靖帝も、前例のない出海措置を認めるのには消極的であった。この間、密貿易者と倭寇とが入り混じり、東南の沿海部は混乱の坩堝と化していく。そんな無秩序な海で大勢力を築いたのが、すでに名前が出た王直である。

徽王王直

徽州商人の出だともいわれる王直だが、彼の詳しい経歴はよく分からない。若い頃から任侠の気があり、仲間とともに日本や東南アジア諸国との間で密貿易に従事し、やがて双嶼の頭目許棟の下で活動するようになる。南浦文之《なんぽぶんし》著『鉄砲記』は、ポルトガル人が種子島に鉄砲を伝えた際、五峯という男が通訳をしたと記す。五峯とは王直の号で、通説ではこの五峯が王直だという。なるほど、ポルトガル人が密貿易ルートを伝って中国に来航したことを思えば、あり得ない話ではない。

先述したように、嘉靖三二年(一五五三)の明軍の攻撃で王直は烈港を去り、日本の五島列島に拠点を移して自分は平戸に居を構えた。平戸藩主松浦隆信の手厚い保護のもと、彼は部下二〇〇〇人を擁して豪奢な屋敷に住み「徽王」と称したという。平戸には「唐南蛮」の多くの舶来品がもたらされ、京や堺の商人が参集して「西の都」と呼ばれたと松浦家の『大曲記《おおまがりき》』は述べる。中国では大海賊の王直も日本では明の大商人であり、周防の大内義隆や豊後《ぶんご》の大友義鎮《おおともよししげ》(宗麟)など西国の諸大名とも深い繫がりがあった。

こんな王直の招諭に成功したのが、浙江総督の胡宗憲である。彼は中央政府の同意のもと、嘉靖三四年(一五五五)に五島にいる王直のもとに使者を遣わし、互市の容認と引き換えに明に投降するよう呼びかけた。もちろん王直は警戒してすぐには承諾しなかったが、同じ徽州府出身の胡宗憲の情に訴えた働きかけや、胡宗憲のもとに送った腹心からの情報を得て、最後は帰国を決意する。そこにはようやく国家に公認され、晴れて互市という正業に就けることへの甘い期待があったに違いない。

図31　平戸の王直像

だが結論からいえば、王直の期待は見事に裏切られる。胡宗憲自身は互市を認めるつもりであったようだが、中央の方針転換で王直の逮捕が決定され、あまつさえ胡宗憲自身の政治的立場も危うくなったからである。その背景には厳嵩派である胡宗憲への反発など権力闘争の側面もあったが、要は王直を秩序破壊者と捉えるまっとうな国家の論理に対し、正面から反論できなかったことが大きい。王直は二年間幽閉されたのち、嘉靖三八年に杭州の官巷口で斬刑に処せられた。社会の要求は国家によって再び封じ込められたわけだ。

月港開港

王直の処刑から四年後の嘉靖四二年（一五六三）、福建巡撫譚綸《たんりん》は「善後六事」を上奏して海禁の緩和を訴えた。「弊害の来源は鼠の穴のようなものです。必ず一カ所だけ穴を残しておかねばなりません。もしすべてを塞げば重要な場所も食い破られてしまいましょう」（『譚襄敏奏議』巻二、条陳善後未尽事、宜以備遠略以図治安疏）。一港だけを開港して密貿易者のガス抜きをしようとしたわけで、彼の考えでは漳州月港こそが大事な鼠の抜け穴であった。

これより以前、明政府は海防のために嘉靖九年（一五三〇）に月港対岸の海滄《かいそう》県に「安辺館」を設置し、福建省八府の通判（府の佐弐官）に毎年輪番で管理させた。嘉靖三〇年（一五五一）には新たに月港に「靖海館」を建設して海上の監視を強化する。だが当地では「月港二十四将」と自称する土寇の反乱などもあり、治安は一向に回復しなかった。

そこで譚綸の建議で嘉靖四二年（一五六三）には靖海館を「海防館」に改め、海防同知という専従の官を新設して海防のさらなる強化が図られた。同時に譚綸は「善後六事」で海禁の緩和を主張し、また新県の設置という治安維持のための行政改革を訴えるなど、月港体制のプランを提示する。残念ながら譚綸の在任中には実現しなかったが、時宜にかなった善後策だっただけに、福建では後継者たちによって計画は引き継がれていった。

　嘉靖帝から隆慶帝（在位一五六六〜七二）への代替わりという絶妙なタイミングを捉えて、福建巡撫塗《と》沢民《たくみん》が「開海禁」の上奏を行い、それが裁可されて月港は開港し東西洋（広州―ブルネイの線を基軸に以西が西洋、以東が東洋）への出海が許可された。隆慶元年（一五六七）のことだ。月港を中心に海澄《かいちょう》県も新設され、海防館が海商を管理する月港体制が整った。ただし、倭寇の本場の日本だけは相変らず渡航が禁止されていた。

図 32　漳州月港（海澄鎮，2002 年当時）

　日本の例からも分かるように、月港開放はあくまでも海防策の一環であった。「鼠の穴」を一つだけ開けて、他の場所への混乱の波及を未然に防いだのである。また、そこには当然福建官僚ならではの別の思惑も込められていた。月港ではほどなく銀での関税徴収が始まり、万暦三年（一五七五）には徴税制度が整備され、やがて海防館とは別に徴税専門機関の「督餉館《とくしょうかん》」が新設される。福建の地方官府の軍費や財源不足を補うためで、海防一辺倒の北京中央と福建官僚とでは月港開港の目的に微妙な差異があった。

先に広州では地方経費をまかなうために広州官僚の主導で非合法な互市が始まり、朝貢一元体制も有名無実化していたことを見た。この趨勢が隣省の福建官僚に何の影響も及ぼさないはずがない。のちに月港の関税をめぐり泉州府が漳州府に東洋に向かう海船への徴税権を要求したのも、互市の利益に目をつけたからである。譚綸等からすれば、中央政府の命令を真っ正直に遂行した朱紈は、あまりに愚直な人物に思えたことだろう。

とはいえ、月港開港で国初以来の海禁が晴れて解除されたわけでは決してない。なるほど出海禁止措置としての狭義の海禁は一部解かれたものの、種々の禁令を含む海洋統制策としての海禁システム（広義の海禁）は依然存続しているからである。その意味では、出海規制を緩和した上での海禁体制の再編と見るのが本当は正しい。後年福建巡撫許孚《きょふ》遠《えん》が述べたように、月港体制は「これ（海上交易）を通ずる中に、これを禁ずるの法を寓す」（『敬和堂集』巻五、疏通海禁疏）るもので、海禁はしっかり維持されていたのである。

アルタン封貢

同じ頃、北方ではアルタン・カアンが大同辺外の大板升、のちの帰化城（内モンゴル自治区呼和浩特《フフホト》)を拠点に明に圧力を加えていた。アルタンのもとには亡命華人の趙全を始め、多くの白蓮教徒がブレインとして存在した。彼らには宗教王国建設のためにアルタンの武力を利用しようとの魂胆があり、アルタンの方でも彼らの知識や戦術あるいは中国情報は必要不可欠であった。逆に明からすれば、こうした華人たちがきわめて目障りであったことはいうまでもない。

こんな折も折の隆慶四年(一五七〇)九月、明政府の思いもよらない事態が北方で発生した。アルタンの孫のバハンナギが女性問題のもつれから祖父と袂を分かち、大同の敗胡堡に投降してきたのである。当時、北辺の最前線で指揮をとっていたのは宣大総督王崇古と大同巡撫方逢時である。彼らはバハンナギを大同鎮に護送するとともに、内閣大学士の高拱や張居正の支援のもと、バハンナギを奇貨としてモンゴルとの和睦を図っていく。

明側はバハンナギの返還を条件に和議を結び、長年の紛争を解決しようと目論んだ。アルタンを王に冊封して朝貢貿易を認め、「互市(馬市)」の開設でモンゴル全体に恩恵を与えて懐柔する算段であった。ただしそのためには、趙全等アルタンのブレインを捕縛して送還させることが絶対条件となる。和議が成立しても彼らがいる限り、アルタンがいつ背くとも限らなかったからである。

明に対して疑心暗鬼であったアルタンだが、バハンナギが明で優遇されている事実を知るに及んで、ようやく心を許して和議の締結を決断する。同年一一月、アルタンが趙全ら七人を明

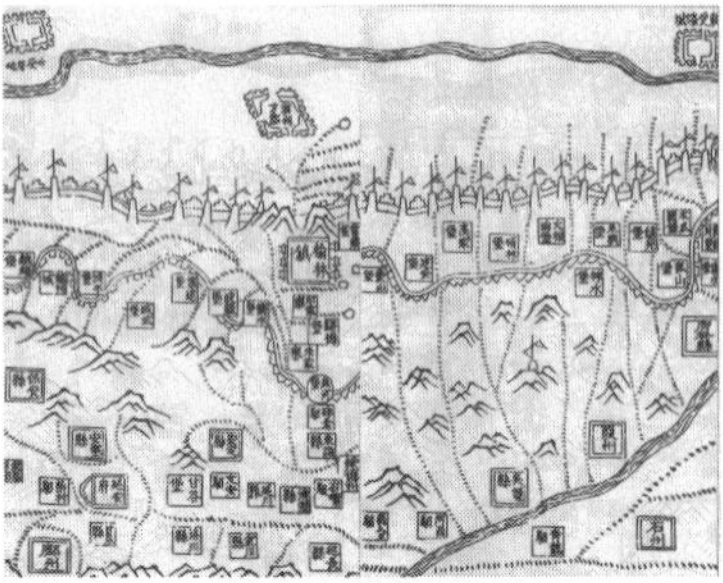

図33　明代の長城

側に送還したことで、亡命華人の有力者はあらかた除かれた。約束通り明側はバハンナギを丁重にアルタンのもとに送り返し、ここに和議の条件が整うことになる。翌隆慶五年（一五七一）、アルタンの封貢（冊封・朝貢）と互市の実施要領の「封《ほう》貢八議《こうはちぎ》」が定められ、アルタンも順義王に封じられた。これを一般に「隆慶和議」という。

隆慶和議でアルタンがもっとも重視したのは互市（馬市）の復活であった。互市は大同・宣府・山西（水泉営）の三鎮の長城外で開かれ、しかも庚戌の変直後の互市が官主導の「官市」であったのと異なり、民間商人も参加する「私市」の性格を色濃く帯びていた。のちに陝西・寧夏も加わり、さらに年一回の「大市」とは別に毎月一回の「小市」も設けられ、アルタン側の要求も十分に取り入れられた。

和議の締結に当たっては、王崇古をはじめとする山西商人の家に出自する山西官僚の積極的な働きがあったとの指摘もある。和議の裏には抜け目のない御用商人の利権がらみの思惑も存在したということだ。いずれにせよ、東南での月港開港と並んで北辺でも開放措置が取られたわけで、一六世紀半ばの北虜南倭の騒擾は、北と南の互市の開設によってようやく沈静化を見たといえる。

天朝のくびき

広州での来市(外国商船の来華貿易)と月港での往市(中国海商の出海貿易)に加え、北方ではモンゴルとの馬市も始まり、明初とは打って変わった状況が出現する。この趨勢を明初以来の朝貢一元体制から互市体制(互市システム)への移行と捉え、近代的な自由貿易の前段階に位置づける見解が一部の研究者によって主張されている。

表1　1577年〜1644年の月港—マニラ間の中国商船数

年次	船数	年次	船数	年次	船数
1577	9	1604	15	1631	16
1578	9	1605	18	1632	16
1580	19	1606	26	1633	16
1581	9	1607	39	1634	26
1582	24	1608	39	1635	40
1588	46	1609	41	1636	30
1591	21	1610	41	1637	50
1596	40	1611	21	1638	16
1597	14	1612	46	1639	30
1599	19	1620	23	1640	7
1600	25	1627	21	1641	8
1601	29	1628	9	1642	34
1602	18	1629	2	1643	30
1603	16	1630	16	1644	8

たしかに月港開港以後、当地での関税収入が年々増加したのは事実である。特に一五七一年(隆慶五)にルソン島のマニラがスペイン人によって建設され、スペイン領の新大陸の豊富な銀がメキシコのアカプルコからガレオン船で太平洋を経由して大量にもたらされると(ガレオン貿易)、マニラに向かう福建船が急激に増加する。一五八〇年代以降は多い年には四〇隻以上の船が赴いた。マニラ帰りの

表2　16〜17世紀ポルトガル船の長崎―マカオ間の貿易量

年　代	数量（単位：両）
約1580	500,000〜600,000
1585	500,000
1585〜1591	600,000
1599	400,000
16世紀末葉	約1,000,000
1601	1,000,000
1632	800,000
1634	490,000
1635	1,500,000
1636	2,350,000
1637	2,600,000
1638	1,259,000
1630年代末葉	3,000,000

船は大量の銀を積載して帰港したため、当初より加増餉《かぞうしょう》という特別の税が課されて銀で徴収された。のちに月港の繁栄に目をつけた福建税監の宦官高寀《こうさい》が、過酷な収奪を行い海商の暴動を誘発したことは有名である（一六〇二年）。それでも月港―マニラ間の貿易自体はその後も中断することはなかった。

一方、一五五七年（嘉靖三六）にマカオの居住権を得たポルトガルは、マニラ開港と同じ一五七一年にマカオ―長崎航路を開拓し、中国産の生糸や絹織物等を日本で販売しては銀を持ち帰った。当時長崎から毎年五、六〇万両の銀がマカオに搬出されたという。さらにマカオ―マニラ間の貿易も始まり、スペイン・ポルトガルのアジア貿易によって中国も世界経済に包含されることになる。こうした状況を背景に中国では政治中心の朝貢一元体制に代わり、経済重視の互市体制が成立したとするのは説得的な見方ではある。

だが、注意すべきは明の対外政策の基調は従来通りの華夷秩序の維持にあり、国家システムの枠組みには何の変更もなかったことだ。外国商船の来市は天朝の夷狄に対する恩恵の賜物であり、地《ち》大物博《だいぶつはく》の中国には本来互市など必要ではないとの立場を崩していない。なるほど、「互市（馬市）は損ありて得るなく、海市は利ありて害なし」（張瀚《ちょうかん》『松窓夢語《しょうそうぼうご》』商賈紀）というように、「西北の互市」と違い「東南の海市」には実益があると説く官僚も存在した。だが、明朝中央は海防の見地から開港の可否を決定したため、寧波は最後まで開港されなかったし、逆に月港はあえて開港することで海防体制の補強が図られた。

　互市の開設は直接的には国防問題に起因し、決して貿易を重視しての措置ではなかった。開港後も海禁は存続したし、国防上の危機が発生するたびに互市はたびたび禁止された。南北辺境の開放からほどない時期に重修された『万暦会典』（一五八七年刊）の兵部の巻に、『正徳会典』にはない辺禁と海禁の項目が立てられたのは示唆的である。南北開放を前提とした国防システムの再編が、辺禁と海禁の概念化を進めた結果とみなしてよかろう。ただし、再編された国防システムが南北辺境を開放したこと自体、統制一辺倒ではもはや立ち行かなくなった国家の現状をはからずも示すものではあるだろう。

　華北に軸足を置く大陸中国の明は、ポルトガルやスペインと異なり国家が海上貿易に肩入れすることもなく、最後まで東南の海洋中国の動きには冷淡であった。その意味では東南社会の商品生産や商業活動に資本主義の萌芽を認める中国の学者がいうように、国家本位の海禁が中国社会発展の阻害要因になった可能性はたしかにあるだろう。ただし、それがまた常に国家が社会に優先する中国的論理の所産でもあり、ある意味、天朝のくびきから明が一歩も脱け出していなかったことの証しでもあるのだが。

第五章　爛熟と衰勢の明帝国

一　張居正の改革と挫折

張居正の登場

同じ波長の「長い明末」は、何の変哲もなく尋常一様に過ぎ去ったわけではない。体制再建に向けた劇的な取り組みが、一六世紀後半に集中的に試みられた。ただし、それは首輔大学士の張居正(一五二五～八二)という強烈な個性によって主導されたため、彼の退場とともに改革の動きは頓挫し、再び明末の波長に後戻りしてしまう。

張居正、湖北省江陵出身、嘉靖二六年(一五四七)の進士。翰林院庶吉士を皮切りに、翰林院侍講学士や礼部・吏部侍郎などの中央官を歴任し、やがて徐階の引きで入閣したのが隆慶元年(一五六七)二月。このとき彼は四三歳であった。その翌年に有名な「陳六事疏」を皇帝に上呈し、現今の国家の病弊とその対処法について六カ条にわたり意見を具陳した。①無用な議論を省き、②綱紀を粛正し、③詔令を重んじて賞罰を明らかにし、④官の任用には名実相いともなわせ、⑤国の本である民の生活を安定させ、⑥武備を整える。のちに彼が行う改革の骨子は、すべてそこに示されている。

たしかに張居正の執政以前、国家の衰勢は歴然としており、特に財政面は火の車で危機的状況にあり、歳出が歳入を大きく上回って好転の兆しはまったく見えなかった。政府や宮廷の財政規模は膨張しても、農民の離農や郷紳・大地主の土地の兼併・役所の不正で税収の増加は望めず、そんな中で国防費だけはうなぎのぼりに増大した。張居正が首輔大学士の高拱とともに、アルタンとの隆慶和議を積極的に推進したのも、そうした財政事情が大いに関係する。

隆慶六年(一五七二)五月、隆慶帝がにわかに崩御すると皇太子の朱翊鈞《しゅよくきん》が即位した。第一四代皇帝神宗万暦帝(在位一五七二〜一六二〇)である。この機を捉えて張居正は野心家の司礼監太監の馮保《ふうほ》と手を組み、万暦帝の母の慈聖皇太后も巻き込み高拱の追い落としに成功する。ある日出仕した高拱を待っていたのは、職を解くという思いもかけない上意であった。高拱は官を辞め失意のなか帰郷するしかなかった。代わって首輔大学士となった張居正は、これ以後約一〇年間にわたって強権的な政治運営を展開する。

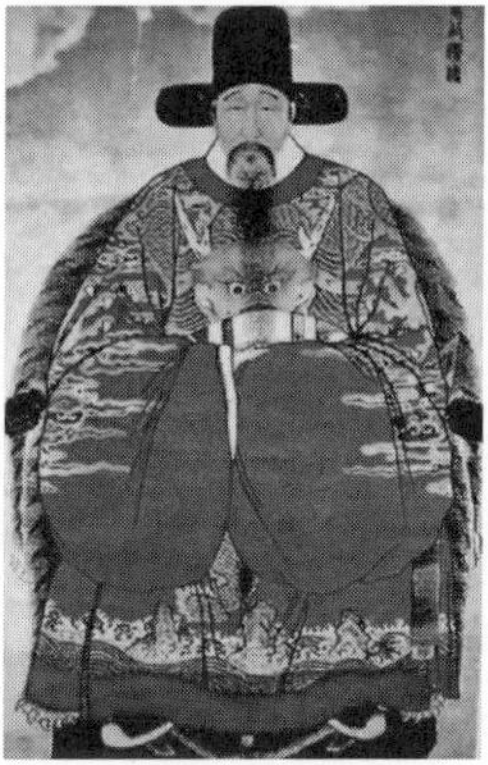

図34　張居正

新たに即位した万暦帝はこのときわずか一〇歳。母の慈聖皇太后はきわめて教育熱心で、張居正を張先生と呼んで万暦帝の教育を一任し、帝王学を学ばせ理想的な天子に育て上げようとした。日常の起居

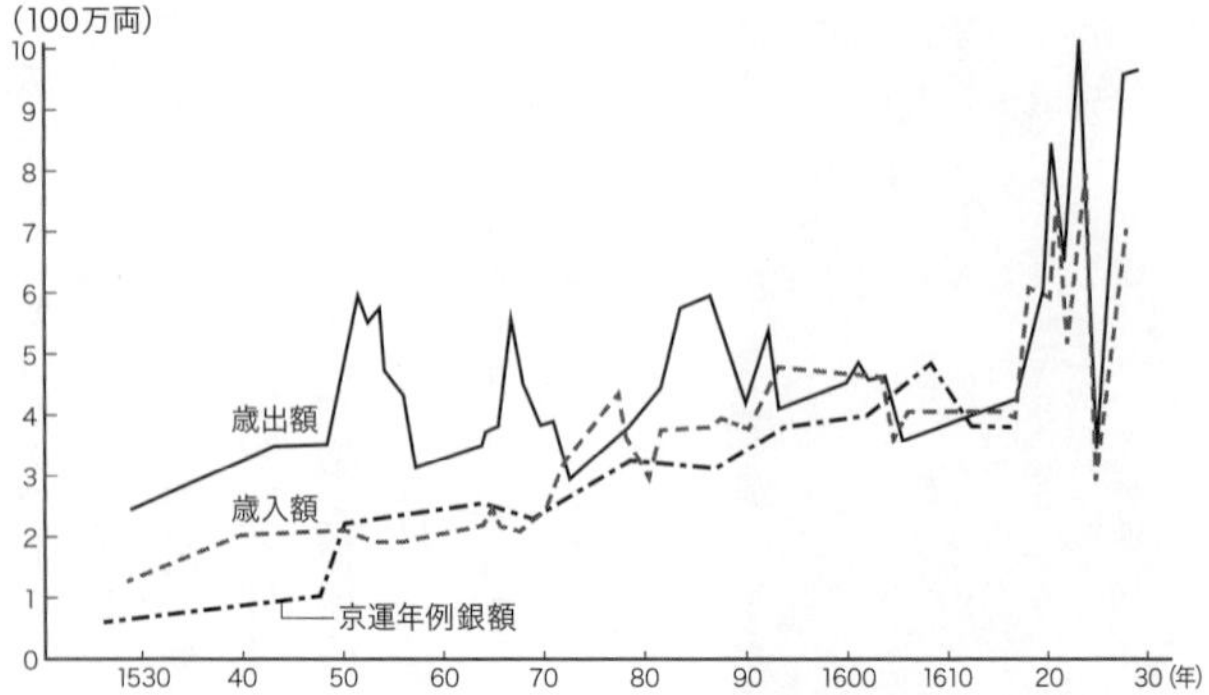

図35　明代後期の太倉銀庫歳入歳出額

は馮保が監視役となり、ことあるごとに皇太后や張先生に報告したため、万暦帝は息抜きすることすらままならない。張居正は帝師の立場で朝政を専断し、強引な手法で次々と改革を実施していった。

内閣の強権政治

明代の内閣は嘉靖末期から隆慶年間にかけて、政治的な権限を一段と強化したといわれる。隆慶帝が嘉靖帝と異なり政治に無関心だったこともあり、この間に首輔大学士の宰相化が一気に進展した。それが頂点に達するのが万暦初年の張居正の時代である。彼が目指したのは内閣主導による官界の粛正と財政の再建、つまるところは富国強兵であり、彼は内閣の権限をより強化することでそれを達成しようとした。

万暦元年(一五七三)六月、張居正は従来の人事考課制度とは別に、新たに「考成法」という評価システムを施行し、官僚への引き締めを図った。六部や都察院が皇帝の命を受けて関係衙門に通達した案件については、それぞれ処理の期限を定めて月末に点検を行い、特に重要な案件については二冊の帳簿を作成する。一冊は監察機構の六科《りくか》に、もう一冊は内閣に送って六科がノルマの達成の度合いを監査するのである。

地方長官の巡撫や監察官の巡按御史(あわせて撫按官という)が執行を遅延したときには六部がこれを摘発し、六部が隠蔽すれば六科が、六科が隠蔽すれば内閣が摘発する。これらの手順を踏んで官僚の勤務評定を行ったため、官僚たちは戦々恐々として綱紀は粛正され、あわせて中央の地方に対する統制も強化された。

考成法で注目すべきは内閣が行政上の最高機関として位置づけられたことだ。先述したように、内閣大学士は本来は皇帝の私的な顧問官で一般官僚との間に統属関係はない。だが考成法の施行で行政上の最終責任をになうようになり、制度的にも官僚機構のトップに立った。首輔大学士の権限が未曽有に強大化したことは言うに及ばない。

考成法はまた官僚たちの自由な発言の機会も奪うことになった。言官である六科の給事中(従七品)と都察院の御史(正七品)は科道官といわれ、品階は決して高くはないが独立した権限を持ち、内閣大学士や六部尚書も弾劾できた。ところが撫按官も六科も内閣の監督下に置かれたことで、言路が狭まり政治批判も困難となる。たとえ批判しても左遷や削籍などの過酷な処分を受けたため、次第に物言わぬ存在になっていった。

張居正の言路封じは官界の外部にも拡大した。生員(学生)が役所に出入りしたり政治活動をすれば即、身分を剝奪するなど在野の官僚候補生にも弾圧が加えられた。全国の生員の額数を削減した他、各地で政府批判の場となっていた書院(民間の講学所)の廃絶も進め、そこに集う生員や知識人の言論を完全に封殺しようとしたのである。

絶大な権力を一身に集め、張居正は財政の再建に取り組んだ。種々の面で経費節減に努める一方、まずは滞納税を強制的に徴収したことだ。「有司(役人)は徴解(税の徴収と輸送)を以て殿最(勤務の査定)を為した」(『明史紀事本末』巻六一、江陵柄政)ため、考成法でノルマを課せられた地方官は強引に税を取り立て農民を苦しめたが、張居正は納税は人民の義務だと嘯《うそぶ》き、さして意に介することはなかった。

また万暦六年(一五七八)から八年にかけて全国的に「丈量(検地)」を行い、郷紳や地主の隠田を摘発して面積や所有名義を明らかにし、税の増収と課税の公正さを担保しようとした。『明史』食貨志によれば耕地面積は七〇〇余万頃となり、弘治年間に比べて約三〇〇万頃も増加したという。国庫には一〇年分の糧食と四〇〇余万両の銀が貯蔵され、慢性的な財源不足もようやく回復基調に転じるにいたった。

張居正改革の意味

張居正は秦の始皇帝や明の太祖朱元璋の信奉者であったといわれる。あらためていうまでもなく始皇帝は法家であるのに対し、朱元璋はあくまでも儒家である。漢代に儒教が国教化されて以来、皇帝も官僚もすべて三四頁の図8にある儒教の理念世界の制約を受け、その枠組みの中で行動した。現実世界の皇帝が、たとえ建前であろうと徳治を掲げたのはそのためで、ここが法家の始皇帝と儒家の朱元璋との大きな違いである。

張居正が二人の信奉者だというのは、彼らの推進した国家主導の強権的な改革を評価したからで、彼もまた朱元璋と同様、法家ではもちろんない。帝師の立場で万暦帝に口を酸っぱくして聖人の教えを教授し、経筵《けいえん》(皇帝の面前で経書を講義する儀礼)や日講(毎日の御前講義)を通じて儒学教育を施したことからもそれはうかがえる。考成法をはじめ彼の実施した厳格な統制策は、先の図8中の現実世界の国家の「支配の論理」をとことん追求したものであった。その手法は朱元璋と何ら変わらない。

ただ、それでも両者の間には皇帝と宰相という身分の違いだけでなく、政策面においてもかなりの開きがある。それは二〇〇年という時代的懸隔が生んだ国家と社会の相関関係の変化といってよい。もともと朱元璋の政策の主眼は上下の身分序列を固定化し、各自におのれの分を守らせ他律的に儒教的秩序を維持することにあった。官であろうと地主であろうと分を逸脱すれば容赦なく弾圧を受け、土地や財産を没収され極刑に処せられた。

かたや張居正は丈量ののち、従来地方ごとに独自になされていた一条鞭法を全国的に施行した。一条鞭法とは税糧と徭役をそれぞれ一本化して銀で徴収する税法で、里甲制が破綻して課税の対象が戸から田土(人丁)へと移行する過程で生まれた明末ならではの新税法であった。張居正はその実施に当たり、地主を強権的に弾圧したり土地を暴力的に没収したりした形跡はほとんどない。つまり、一条鞭法は地主の大土地所有を前提に、土地の名義を確定して安定的な税収を得ることに最大の狙いがあった。

張居正の施策は明初のように国家が社会に強引に割り込み、地主を抑えて農民間の地均《じなら》しをするものではない。それを行うだけの体力はもはや明朝にはなかったし、むしろ社会の実情に合わせて最適の方法を採用することへと国家の政治スタンスは変化していた。それでも改革への根強い抵抗が官僚・郷紳・地主層を中心に存在したのは、国家主導の強権的な政策が彼らの既得権益と抵触したからである。全般的な社会の支持を得るには、あまりに国家本位に過ぎたということだ。けっきょく万暦の改革は張居正という強烈な個性によって初めて可能であったわけで、その反動は彼の死後すぐに現れることになる。

明は万暦に滅ぶ

万暦一〇年（一五八二）六月に張居正が死ぬと、彼の権威を恐れて萎縮していた官僚たちが一斉に不満を爆発させた。先に張居正は父親の死亡時に帰郷して喪に服すことなく、そのまま大学士の職に留まった。改革の中断を危惧してのことで、反対派はこの行為を孝道に悖るとして徹底的に攻撃したが、逆に廷杖の刑をこうむり批判は押さえ込まれた。いわゆる「奪情起復」問題である。張居正の死後、反対派はこの問題を蒸し返して張居正を非難し、これを機に一気に改革の骨抜きをたくらんだ。重石の取れた万暦帝も同調して張居正の官爵を剝奪、家族も家産没収のうえ辺境に流すなど過酷な処置を下したため、せっかく持ち直した明の財政はふたたび下降に転じてしまった。

図 36　万暦帝

財政悪化に拍車をかけたのが万暦帝の無軌道な贅沢ぶりである。天性の浪費家である万暦帝は張居正時代の禁欲生活への反動もあって、欲望の赴くまま湯水のように国庫の銀を放出した。自分の陵墓（北京郊外の「明の十三陵」中、地下宮殿が公開されている定陵）の建設費だけでも銀八〇〇万両、愛妃の生んだ福王の婚礼費にも、規定額の一〇倍の三〇万両。さらに後宮の調度品や衣装等に惜しげもなく金をつぎ込み、恬として恥じることはなかった。こうした宮廷費の増大が国家財政に圧迫を加えたことはいうまでもない。

そんな財政事情に追い討ちをかけるように紫禁城の三殿(皇極殿・中極殿・建極殿)が焼失し、さらに明の辺境や周辺では立て続けに戦乱が勃発した。万暦二〇年(一五九二)二月の寧夏のモンゴル人将軍ボバイの反乱、同年四月に始まる日本の豊臣秀吉の朝鮮侵略(後述)、そして二五年の貴州の土官(少数民族の首長に与えた官職)楊応竜の反乱である。世にいう「万暦の三大征」の軍事費に、太倉銀庫の歳入銀量約四〇〇万両の三倍近い一〇〇〇万両以上を費やしたことで、明の国力は決定的に殺《そ》がれてしまった。

皇帝の度を越した浪費や軍事費の付けは、けっきょくは民衆に押し付けられた。朝廷は銀を獲得するために鉱山の開発を命じる一方、商品流通過程に目をつけ商税の増徴を目当てに徴税官の宦官を全国に派遣した。ところが、彼らは銀の鉱脈があると言い立て都市の住民に立ち退きを強制したり、権力を笠に着て不法に商税を徴収するなど、「鉱・税の禍」と呼ばれる弊害を社会に生み出しては怨嗟の的となった。このため手工業者や商人を含む庶民層を中心に生員などの知識人も加わり、反宦官暴動の民変が各都市で頻発した。

同じ時期、華中・華南の農村では抗租の風潮が次第に広がり、佃戸の小作料不払い闘争が顕在化する。都市も農村も今まで下位者の分に甘んじていた民衆が、自己主張をつらぬき実力行使に訴え出したわけだ。こんな世相の中でも万暦帝はまったく政治に意欲を示さず、彼の四八年という長い治世の後半はほとんど後宮にこもってサボタージュを決め込むありさまであった。「明の亡《ほろ》ぶは実は神宗に亡ぶ」とは『明史』の評語だが、皇帝の無策と朝野の混乱を見れば、まさにいい得て妙としかいいようがない。

二　流動化する社会

地方の時代

明末という時代は明初に比べて何かと地方が脚光を浴びた時代であった。この時期、地方政治で重要な役割を果たしたのが郷紳あるいは紳士とよばれる支配層である。

郷紳とは現任・待機・退職を問わない官僚経験者の郷里での呼称で、明末には商品経済の発展や交通・情報網の整備などで地方の生活環境も向上し、官僚と郷里との結びつきが前代に比べ格段に強まった。科挙合格者の進士や挙人、地方学校の生員などの士人も地方社会に滞留し、特に生員は明の最末期に全国で五〇万人を下らなかったという。彼らが地方の都市や市鎮に居を構え、地方政治に盛んに介入したところに明末の特徴がある。

官僚が退職後も郷里で影響力を振るえるのは、突きつめれば科挙制度の虚構性による。もとより有徳の士を官に選抜するのが科挙である以上、合格者はすべて建前では人格的能力の保持者であり、それは退職しても変わりはない。彼らは官僚経験者という点で地方官と同列であり、しかも職位によっては地方官よりもはるかに上であった。さらに挙人や生員も科挙体系に繋がっていることから、郷紳に準ずる社会的地位を得た。

そんな威信のもと、彼らは地方社会で正負両面の作用を発揮した。正の面でいえば、郷紳が一県の公事をめぐって城隍廟などで郷紳会議を開いて県の地方行政をチェックしたり、また生員が学校で生員会議を開催して、そこでの決定事項を地方官に突きつけ軌道修正をさせたりした。ともに地方社会の公議・公論を代弁するもので、地方官が拒絶したときには義憤に燃える生員が暴動(士変)を起こすことすらあった。こうした地方官をも取り込んだ郷紳・紳士主導の政治運営を、中国における地方自治の先蹤とみなす見方もある。

他方、負の面では彼らが自己の勢力をバックに土地の兼併や不法を働き、地方社会に大きな弊害を生んだことが挙げられる。とりわけ郷紳の専横にはその勢威の前に地方官も口出しできず、見て見ぬふりをするのが常であった。これを当時の用語で「郷紳の横《おう》」という。郷紳の中には自家の佃戸ばかりか周辺農民をも支配下に置く者がおり、かつてはこんな郷紳支配を、西欧あるいは日本と異なる中国独自の封建領主制に見立てる見解も存在したほどだ。

体制の危機

明末の地方社会は、民衆の側にも新たな動きが生じていた。彼らの間には共通の利害に対する自覚が芽生え、先述したような抗租や民変が頻発した。特に都市では商工業の発達を背景に、新興の諸産業に従事する雇用労働者や商人などの「市民」「市人」と称される都市住民が増大し、「郷紳の横」への反発から郷紳の邸宅を焼き討ちすることもあった。ただしすべての郷紳が対象ではなく、例えば都市の徭役をめぐる市民と郷紳との対立から起こった万暦一〇年(一五八二)の杭州民変では、民衆に理解を示す郷紳には危害を加えず秩序だった行動を取ったという。彼らの不満が奈辺にあったかを示して興味深い。

いったい抗租や民変はともに個々の独立した事象というよりは、それらを包括した社会全体の地殻変動という観点から捉える必要がある。すでに一六世紀の初頭以来次第に揺らぎだした種々の秩序は、抗租や民変のような階級(階層)間のものだけでなく、三四頁の図8にある各レベルでの秩序を含むあらゆる人間関係にかかわるものであった。数ある明末の地方志が語るのは、下位者の上位者を犯す行為が万暦年間には社会的風潮として定着していた事実である。

元来、儒教の論理では各自がおのれの所を得て、分を守ることで彼(彼女)の属する集団の全体秩序は維持される。上位者も下位者も各々果たすべき分があり、下位者だけに一方的に分が課せられたわけではない。もちろん上位者(最高の上位者が国家)は秩序維持のために下位者に分を強制しがちで、下位者もそれを甘んじて受け入れた。家族道徳で強調されるのは子弟の父兄への孝・悌であり、父兄の子弟への慈・良では決してない。家族・宗族・郷党各集団内での上下の秩序を積み重ねた先に、天下の安定は見込まれていた。『大学』にいう「修身、斉家、治国、平天下」が、まさしくそれに相当する。

全体秩序を維持する中で個々の身分保障を図る中国社会では、伝統的に下位者に一定の負担を強いてきた。下位者もそれを当然と思い、また国家(為政者)も教化を通じて下位者にそうした意識を絶えず植え付けた。特に力と強権で成立した明初体制は里甲制と「六諭《りくゆ》」が象徴するように、徹底した分の強制で上下の身分序列を固定化したものであった。

だが里甲制の崩壊、ひいては戸籍制度そのものの崩壊にともなう社会の流動性の拡大や、商品経済の発展による生活環境の変化は、明初体制を支えてきた伝統的な価値観や既成秩序を揺るがさずにはおかない。今まで負担を強いられてきた下位者も現状に疑念を覚え、分を守らぬ上位者への批判的精神をおのずと強めることになった。

それゆえ地主にせよ年長者にせよ、あるいは官僚にせよ、伝統的秩序に胡坐をかいた彼ら上位者の専横な振る舞いが反発を呼び、民間では権威そのものを否定する空気さえ生じだす。秩序の動揺と社会風紀の弛緩はモラルの衰退をもたらし、社会生活のさまざまな面で摩擦を起こして訴訟沙汰も一気に増加した。明末の地方志の編者を慨嘆させたのは、まさに伝統的秩序が揺らいで体制そのものが倒壊の危機に瀕した、こんな不穏で騒々しい社会の実情に他ならなかった。

士庶の混淆

ここで注意すべきは、秩序の動揺は上位者の分の逸脱、下位者の反抗といった対立の図式だけでは捉え切れないことだ。社会経済の発展は、一方で上位者と下位者の境界を不分明なものにすることになった。それを端的に示すのが中国社会を上下二層に分かつ「士庶の別」の溶解である。

そもそも儒教的世界に生きる士からすれば、儒教的教養を欠いた無学の庶は単なる統治の対象でしかない。士にとっての文化とは高雅な儒教文化のことで、それとは異なる庶の文化は卑俗かつ下賤なもの、文化に値せぬ代物であった。そんな雅なる士の世界と俗なる庶の世界が、初めて歩み寄りを見せるのが明末のことである。

海外から流入する大量の銀で好景気に沸いた明末には、空前の出版ブームが到来して、多種多様の書籍が営利目的に盛んに刊行された。伝統的な経書(儒教関係の書籍)や史書はもちろん、挙業書(科挙の模範答案集)・日用類書(百科全書)・路程書(交通指南書)などの実用書に加え、娯楽用の小説の類も長編・短編を問わず多数編み出された。かつては講談や演劇でしかなかった『三国志演義』『水滸伝』『西遊記』などが、白話(口語の書き言葉)小説として完成するのが明末

図37　明版『西遊記』の挿絵

のことである。

出版ブームの背景には、何よりも庶の上昇と士の下降という士庶の混淆現象が存在した。明末には商人などの市民層を中心に識字者も増え、書籍に対する需要が格段に増大する。彼らの中には実用書や娯楽書だけでなく、士への憧憬《しょうけい》や上昇志向もあって経書や史書を購入する者も珍しくなかった。逆に士は受験参考書の挙業書などの俗書に馴染み、今まで見向きもしなかった下卑な白話小説も愛読するようになる。庶民層の文化レベルの向上とともに、士人層の下降化・庶人化も着実に進んでいたのである。

じっさい、先の営利目的の出版業を支えたのは多くは士身分、特に下層の士人層であった。明末の出版界で名を成した馮夢竜《ふうぼうりゅう》や陳継儒《ちんけいじゅ》等にしても、貢生（生員中の国子監入学生）や生員の資格を持つだけで科挙には合格していない（馮夢竜は貢生の身分で一時寿寧知県となる）。つまり第一章で述べた官—民、士—庶秩序のグレーな部分、すなわち官ではなく民だが、しかし庶ではなく士である挙人・監生・生員たちが社会に滞留し、その一部の庶人化が顕著になったのが明末であった。時あたかも捐納が一般化し、カネ（実際には米）さえあれば学位や資格が購入できたのだから、士庶の混淆も推して知られよう。

ありていにいって、士の庶人化とは本来の知的道徳的指導者の立場を捨て、世俗の中で糊口の道を求めることである。科挙を諦めた彼らは出版業や著述業に専念したり、詩文・書画の才能で高級官僚の食客になったり、あるいは中央高官や地方長官の幕僚になったり、時には政治の裏面で官僚に代わって陰謀術策をめぐらし暗躍したりした。士の正道から外れたこうした知識人の群れを、当時世間では「山人《さんじん》」と称したが、万暦年間には山人の横行が政治問題化して、都ではたびたび取締まりが行われている。

けっきょく、知識を商売道具とする職業的知識人の登場は、一面では士身分の相対化をもたらすことになった。営利重視の民間では科挙も選択肢の一つとなり、士よりも商人を重んじる気風すら出現する。当時においては士でもあり商賈でもあることは、何ら不思議なことではなかった。明末の社会の流動化と価値の多様化は、伝統的な士農工商の四民秩序の内実をも変質させていたのである。

連帯の位相

不確実で不安定な時代に人々が求めるのは、いつの世でも人と人とを結びつける絆、すなわち社会的紐帯である。明末にあっても人々は競争社会を生き抜くために、タテ・ヨコさまざまな人間関係を結んで苦境から抜け出そうとした。重税に喘ぐ農民は優免特権のある郷紳に土地を寄託して何とか徭役を免れようとしたし（詭寄《きき》という）、あるいはいっそのこと離農して土地を放棄し、郷紳等の有力者のもとに身を投じて奴僕となり（投靠《とうこう》）、その庇護下に入ろうとした。現実に失望して多くの者が白蓮教に入信したのも、仲間との連帯に精神的充足を見出したからであった。また大都市では同郷・同業の商工業者によって、会館・公所などの相互扶助や親睦のための施設がさかんに作られた。

宗族結合が進展するのも、当時の社会状況と無関係ではない。宗族とは父系の同族集団のことで、明末には郷紳・紳士層の主導で族田などの共有財産を設置したり、宗法（宗族の規則）を制定するなど、華中・華南地域を中心に宗族の組織化が急激に進展した。宗族内部では相互扶助を行う一方、祠堂（祖先を祀る建物）での祭祀や種々の親睦儀礼を通して儒教道徳が奨励され、身内同士の「親親《しんしん》（親《しん》を親《した》しむ）」すなわち一族の結束が図られた。

この時期「郷約」が盛行するのも決して偶然ではない。郷約とは郷党での道徳実践と相互扶助を目的とする規約ないしはそのための組織を指す。もとは北宋の呂大鈞《りょだいきん》の「呂氏郷約」に始まり、のちに南宋の朱子が補訂し権威付けたことで大いに普及した。「徳業相い勧む。過失相い規《ただ》す。礼俗相い交わる。患難相い恤《あわれ》む」を四大綱領とし、約正、約副が主宰する毎月の集会で儒教道徳に基づく社会規範の習得と相互扶助が確認された。特に嘉靖以後の明末になると、

「呂氏郷約」以上に洪武帝の定めた「六諭」が重視されたという。

郷約の構成員は士民双方を含み、郷紳・紳士層による里甲制崩壊後の郷村秩序の再建策として捉え得る。彼らにとり郷約の編成は国家と社会を繋ぐ自分たちの責務であり、宗族結合の延長上に位置づけられていた。本来『大学』の「修身、斉家」と「治国、平天下」の間にあるのが郷党での士による民の救済・教化であり(三四頁の図8参照)、地方在住の郷紳・紳士が社会の側に立って自律的に運営したのが明末の郷約であった。

同様の現象は都市においても認められる。万暦年間以降、都市の郷紳や名士たちは親睦と慈善を兼ねて「善会」と呼ばれる団体を組織し、「善堂」という施設を設けて社会福祉活動を行った。貧民の救済、死者の埋葬、身寄りのない孤老や寡婦への援助、孤児の収容など、多岐にわたる「善挙」によって地域秩序の安定が図られた。

ただし、彼らは誰でも無差別に救済したのではなく、孝子・節婦などの儒教道徳の実践者を優先したとされ、慈善活動の主意が民衆への教化・教導にあったことが見て取れる。明末には民衆教化の勧善書である「善書」も流布するが、編者である士人層の意図も善会のそれと根底では変わらない。宗族・郷約・善会・善書などに共通するのは、さまざまな位相での人々の連帯とモラルへの期待であり、それを社会の側から自律的に追求した点に明末の諸活動の特徴があった。そこに他律的儒教国家を企図した明初との大きな違いを認めることもできるだろう。

生生と万物一体

じつはこうした動きと並んで、当時の思想界で「生生」の観念が熱狂的に支持されていた事実を見逃してはならない。生生とは『易』に「天地の大徳を生という」「生生これを易という」とあるように、天地の気(陰陽)が活発に活動して次々と万物を生み出すことを意味する。人間も同じ天地の気から生まれるため万物と一体であり、草木・鳥獣すべて同気でそこに区別は存在しない。人間が宗族と親睦したり、貧者に慈善を施すなど連帯の場を広げることは、畢竟《ひっきょう》、万物一体を為す天地の営みに通じるものであった。

この思潮を最も明確に体現するのが陽明学である。外在的な事物の理を窮めて(読書窮理)人格を陶冶《とうや》する朱子学に対し、陽明学は個人に内在する心にこそ理すなわち良知が存し(心即理)、その良知で事物を索定するよう主張する。良知は朱子学のように修養で得られるのではなく、人間が持って生まれた心のあるがままの姿、先天的な道徳知(五倫・五常)を指す。それゆえ天地万物を一体とするのは意図的な行為ではなく、心の仁が内からの衝動として自ずと発揮されたものだとする。これを「万物一体の仁」という。

朱子学のテーゼが「聖人、学んで至るべし」であるのに対し、陽明学では良知は人間に天与のものとされ、外在的な知識や道徳に染まらぬ無垢な心の中に人間の聖人性の根拠を見る。しかも、そうした心（良知）は儒教的教養を積んだ知識人だけでなく、無知無学の庶民にもひとしく備わるものだとしたことで、聖人の道は一気に大衆化した。陽明学の人間観・聖人観を表す「満街（町中）の人都《み》な是れ聖人」（『伝習録』巻下）との有名な言葉は、陽明学の庶民性を語って余すところがない。

元来、「生生」あるいは「万物一体」の観念が盛んに喧伝された裏には、当時の流動的で不安定な社会への人々共通の危機感があり、それが人間相互の絆を求めさせた側面もたしかにあった。個人で「居敬窮理（心を修養して道理を明らかにすること）」につとめる朱子学とは異なり、陽明学は討論会などのいわゆる講学を通して互いに切磋琢磨したのも、そんな風潮の反映であったに違いない。講学には庶民層も多数参加して、熱気あふれる活発な議論が展開された。徳の平等性においては、士庶の間に何ら差異はなかったのである。

じっさい陽明学徒の中には知識人以外に商人や塩業労働者、木こり、職人など多種多様の庶民が含まれる。王陽明の高弟の一人王心斎（名は艮《ごん》）は塩丁に出自し、のちに泰州学派の祖となったことは知られるとおりである。従来知識人に独占されていた儒教が、庶民にまで拡大したのが朱子学から陽明学への思想的転換であり、それは一面、雅なる士の世界の聖学たる儒教の俗化を意味しよう。士庶の混淆は学問の分野にも及んでいたといえる。

もっとも、陽明学が純粋に庶民の思想であるかといえば、もちろんそうではない。陽明の目指したのは儒教の徳目である五倫(父子の親、君臣の義、夫婦の別、長幼の序、朋友の信)・五常(仁・義・礼・智・信)の確立であり、それを下位者である庶民の目線で再定立することに狙いがあった。朱子学と同様、彼が伝統的な身分秩序に固執していたことは、南贛《なんかん》巡撫時代に郷約を実施して上下の分を宣揚したことからもうかがえよう。

名教の罪人

陽明の死後、陽明学派は大きく左右に分裂する。朱子学同様に修養を求める右派に対し、左派の中核である泰州学派は心(良知)に全幅の信頼を置き、良知は善悪を超越した「無善無悪」の絶対的なものだとか、万民に賦与された「不学不慮」の「赤子の心」だとか述べて、ますます唯心的な傾向を強めていった。この学派の最終局面に登場するのが、「古今未曽有の過激思想家」「儒教の叛逆者」ともいわれる李卓吾(本名は李贄《りし》、一五二七〜一六〇二)である。

福建省泉州出身のムスリムである彼は、挙人の資格で県学の教諭や地方官を歴任した後、五五歳で官を退くと著述に専念し、出版ブームに乗って著書や批評本・編集本を合わせて一〇〇種ほど刊行した。彼の真骨頂は良知の説を発展させて「童心説」を主張したことにある。童心とは知識や因習にとらわれない純粋な真心のことで、極論すれば孔子も六経《りくけい》も彼にとっては童心を曇らせる障碍でしかない。童心をなくしたものはすべて仮(にせ)であり、真ではないとして徹底的に排撃した。

特に彼が攻撃したのは形骸化した朱子学であり、読書窮理という手法そのものを槍玉に挙げる。そうした研鑽こそが童心を失わせるのであり、五倫・五常を標榜しながら実体のともなわない官僚・知識人や道学先生を罵倒し、彼らの価値観や既成秩序を偽善だとして完全に否定した。それはまさしく当時の秩序の転倒現象さながら、下位者の上位者への不満に即応していただけに、彼の著作は幅広い層に受け入れられ流布するにいたった。

彼の伝統的価値観への反発は、歴史上の人物や文学への評価にも示される。儒者から貶められてきた秦の始皇帝や五代の「四朝十二君」に仕えた無節操な宰相馮道《ふうどう》も、民生の安定や国家の富強に貢献したとして再評価する。女帝則天武后もその例に漏れない。さらに文学でも「童心」重視の立場で、人間の自然な心情や欲望を記す白話小説にこそ真実があるとし、『西廂記《せいそうき》』『西遊記』『水滸伝』などを「古今の至文」と高く評価した。

図 38　李卓吾

彼の有名な言葉に「服を着、飯を食う、これこそ人倫物理だ（穿衣吃飯、即是人倫物理）」（『焚書《ふんしょ》』巻一、答鄧石陽）というのがある。朱子学が「天理を存して人欲を滅す」と述べて、きわめてリゴリスティックに禁欲を求めたのに対し、彼は欲望を人間の本質とみなして心の中に位置づけた。ここにいたって良知は欲望をも肯定したわけで、人欲が天理を滅ぼしかねないこんな危険思想に為政者が危機感を抱かないはずがない。
狷介《けんかい》・偏狭で過度の潔癖症でもあった彼は、剃髪して僧形になるなど行状自体が体制護持派の反感を買った面もあった。彼らから「異端」「人妖」と罵られるなど、行く先々で批判と圧力をこうむり、最後は逃亡先の北京近郊の通州で捕われ、獄中で自殺して果てた。享年七六。著書や版木がすべて焼棄されたのはもちろん、清代にはあらためて禁書リストに載せられ、彼自身も「名教(儒教)の罪人」として断罪された。

一般に朱子学から陽明学への移行は内面主義の展開として理解される。その内面主義の最先端を疾走したのが李卓吾であり、彼によって儒教の権威はその内部から徹底的に指弾された。彼の思想を近代的と見るか否かは措き、商品経済の発展した明末という文化・社会の爛熟期あるいは秩序の動揺期にあって、生まれるべくして生まれた思想だとはいえるだろう。だが内面主義の徹底化が既存の秩序や価値観と抵触した時、その動きは抑圧されて再び朱子学が地歩を固めて伝統的秩序が復活する。自律的に発展してきた中国社会だが、ここでもまた国家の壁が大きく立ちはだかったのである。

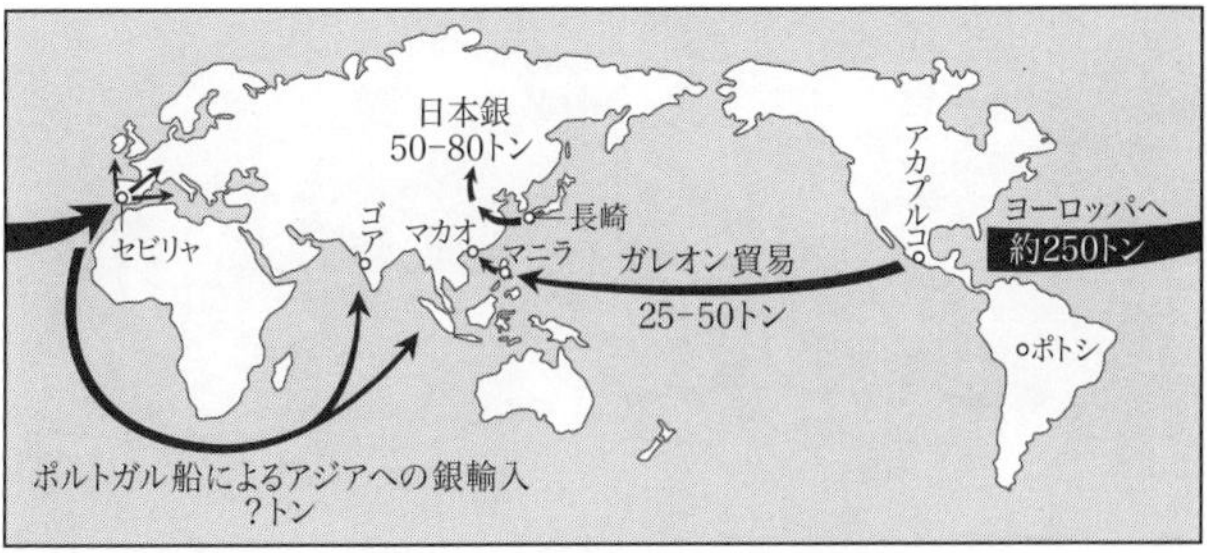

図 39　1600 年前後の銀の移動

三　変容する東アジア

東西の邂逅

海禁の弛んだ一六世紀後半になると、国家の関与しない社会の需給関係に基づく外国銀の中国流入がますます高じていった。当時は新大陸と日本とで世界の銀の半数以上を産出し、前者の銀はヨーロッパ経由の東回りと太平洋を横断する西回りの二方向から中国にもたらされた。また後者の日本銀は長崎・マカオ間を往来するポルトガル人や密貿易者によって舶来され、一六〇〇年前後の総量は年間五〇〜八〇トン、中国に流入する外国銀の約半分を占めたとされる。明の対外方針が開放政策に転じたわけではないが、結果として明は銀を媒介に世界経済に組み込まれたといってよい。

地球的規模で東アジアに流れ込んできたのは銀だけではない。新大陸からはサツマイモ、トウモロコシ、タバコ、落花生など

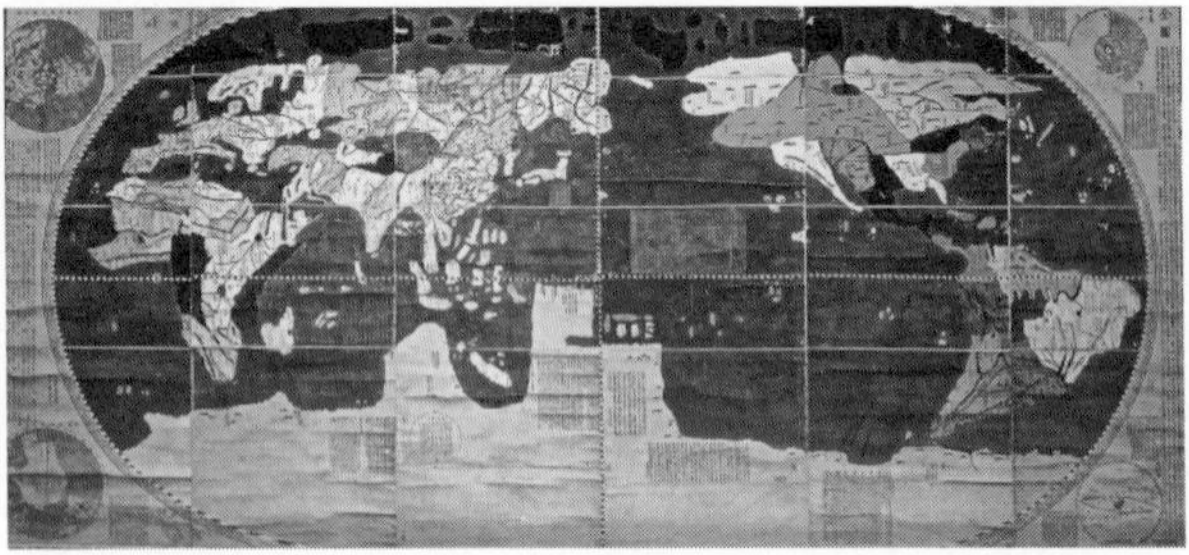

図 40　坤輿万国全図

の新作物が将来され、中国社会の食糧事情や生活環境に大きな影響を与えたのに対し、ヨーロッパからは最新の科学知識や技術がもたらされた。宗教改革に対抗してアジアに派遣されたカトリックの宣教師を介してであり、彼らは日本にやや遅れて一六世紀後半に中国に到来する。かのマテオ・リッチ(中国名は利《り》瑪《ま》竇《とう》)がマカオに上陸したのが張居正の死亡した一五八二年(万暦一〇年)。彼は当地で中国語を習得すると上京し、万暦帝から布教を許され北京で一生を終えた。その彼が熱心に取り組んだのがヨーロッパ文化の紹介である。

キリスト教の教理を説いた『天主実義』や世界地図の『坤輿《こんよ》万国全図』を著した他、入信して弟子となった後年の内閣大学士徐光啓らとともに、ユークリッド幾何学の『幾何原本』などを漢訳した。とりわけ『坤輿万国全図』が当時の東アジアに与えたインパクトは大きく、中国ばかりか周辺の朝鮮・日本にも伝えられ種々の異版が作られた。また徐光啓はリッチの死後、後継のアダム・シャール(中国名は湯若望)の協力で西洋の暦法を取り入れ『崇禎暦書』を編纂したが、明が滅亡したため清が代わって頒行した。これが中国最後の太陰太陽暦、いわゆる時憲暦である。この他、徐光啓は中国農書の集大成である『農政全書』を著し、西洋の農業技術についても紹介している。

西洋伝来の科学技術の中で東アジア諸国に最も影響を及ぼしたのは、何といっても大砲や小銃をはじめとする火器であろう。一六・一七世紀は世界的な「軍事革命」の時代だといわれ、火器技術の長足の進歩で軍事組織や戦略ばかりか戦争形態までもが変化した。東アジアでは西洋火器が集権的な国家権力を支えるツールとなり、各国は競ってその導入と改良に力を入れた。火器をどれだけ所有しているかが、その国の消長を左右したといっても過言ではない。ここで少し火器の歴史について触れておきたい。

火器の伝播

中国で発明された火器がモンゴル時代に西アジアや西洋に伝播し、やがて独自の発展を遂げて中国に逆輸入されたのが一六世紀である。もちろん、この間中国でも火器は発展し、明初のモンゴル戦や永楽帝のベトナム出兵時に利用されたばかりか、鄭和艦隊も大量の火器を装備して示威航海を展開した。永楽帝の設立した中央守備軍(京営)の三大営(三千営・五軍営・神機営)の中で、神機営は世界最初の火器専門の特殊部隊であり、当然モンゴル親征にも随行した。当

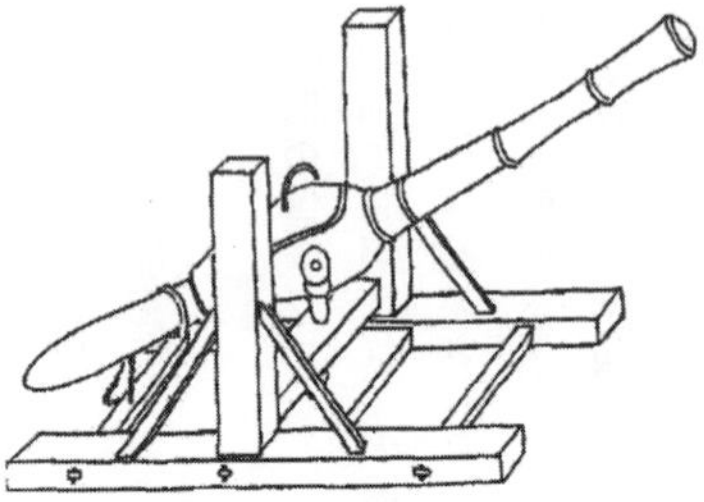

図41　仏郎機砲

時は依然として、中国は火器の先進国であった。

だが永楽帝以後、明の政策が内向きになると火器の進歩も停滞したのに対し、西洋では新式火器の開発が進んで一六世紀には東西の立場が完全に逆転する。西洋式火器の中で大砲が中国に伝わったのは、明がポルトガル勢力を広州湾から駆逐した嘉靖元年（一五二二）のことだとされる。このとき押収した大砲は中国製と異なり、子銃を母銃にはめ込む二段式の後装砲で、速射可能のうえ頑丈かつ命中率もきわめて高かった。明ではこれを仏郎機砲と呼び、翌年から自前で製造を開始する。

一方、西洋式小銃もポルトガル人が将来したが中国では精妙に模倣できず、のちに戦国日本で改良された火縄銃（鉄砲）が倭寇経由であらためて伝えられたという。明ではそれを鳥銃とか鳥嘴銃《ちょうしじゅう》と呼んだが、その理由は鳥を撃ち落せるほど命中精度が高いためとか、形状が鳥の嘴《くちばし》に似ているためとか諸説ある。いずれにせよ、こうした西洋式火器をモデルに各種の銃砲が製作され、辺境守備軍の中にも積極的に取り入れられた。

なかでも精力的に火器を導入したのが、倭寇討伐で名を挙げた名将戚継光《せきけいこう》（?〜一五八七）である。当時は募兵制が盛んとなり、武将は子飼いの家丁《かてい》（私兵）を組織して戦った。戚継光も

「戚家軍」と呼ばれる浙江出身の勇猛果敢な家丁を率いて南北辺境を転戦し、『紀効新書』『練兵実紀』などの兵法書を著し火器の重要性を指摘した。辺境防備に当たった指揮官、例えば「兪家軍」を督率して倭寇と戦った兪大猷、月港開港を主張した譚綸、『皇明四夷考』の著者鄭暁などは、すべて火器で武装した私兵軍団を配下に持っていた。

明の火器に再び変化が起こるのは、後述する一六世紀末の豊臣秀吉の朝鮮侵略時である。捕虜となった日本兵から新式鉄砲を得た明軍は、旧来の鋳銅製から日本式の鍛鉄製に切り替え鳥銃の耐久性の強化に成功したとされる。さらに日本兵を兵力として遼東のジュシェンに備えたり、西南地方の少数民族の反乱鎮圧にも利用したりした。朝鮮もまた降伏した日本兵(降倭)から火薬や鉄砲の製造技術を学んだり日本から直接輸入したりして、一七世紀になるとかなりの量の鉄砲を保有するようになったらしい。まさに軍事革命が東アジア全域を席捲した証左ともいえるだろう。

商業・軍事勢力の出現

東南で活躍した戚継光と並び称されるのが東北の雄・李成梁《りせいりょう》(一五二六~一六一五)である。祖先が朝鮮人ともジュシェン人ともいわれる彼が、北虜モンゴルと東夷ジュシェンに備えて広寧(遼寧省)で総兵官になったのが隆慶四年(一五七〇)のこと。以後、一〇年間の失脚期間を除いて三〇年近く在任し、「辺帥武功の盛、二百年来未だ有らざる」(『明史』李成梁伝)働きをして寧遠伯にも封ぜられた。その彼の軍団=李家軍もまた漢人、モンゴル人、ジュシェン人、朝鮮人等からなる辺境の華夷混淆集団であった。

李成梁集団は、家丁だけでも数千人を擁する半独立の巨大軍閥であった。馬市の収入や商税・塩税を独占した他、毎年北辺に投下される軍費の銀両や軍事物資を横領することでその勢力は維持されていた。地位の保全を図って中央の要路にさかんに贈賄し、戦果を虚偽報告してたびたび恩賞にあずかるなど、あざとい手段で皇帝の信頼も獲得した。このため子弟・一門は高級武官に取り立てられ、家丁も要職に抜擢されたほどで、遼東から河北北部にかけては完全に彼の統制下にあった。

辺境の交易ブームは辺外にも自立勢力を生み出した。当時、東北部のジュシェンは海西、建州、野人の三部に分かれ(二〇三頁の図45を参照)、そのリーダーたちは明から都督・指揮使等に任じられて羈縻衛に組織されていた。彼らは定期的に北京に朝貢して朝貢貿易の恩恵にあずかる一方、開原・撫順・広寧等の馬市で貂の毛皮や朝鮮人参等を資本に交易を行った。こうした交易によって頭角を現したのが建州部のヌルハチ(一五五九~一六二六。のちの清の太祖)である。彼は李成梁との間に持ちつ持たれつの関係を築いて、その庇護下で次第に勢力を拡張していく。清朝の興りが辺外の商業・軍事集団であったことは十分に注意されてよい。

商業と軍事とが不可分に結びついた自立集団は北辺だけではなく、東南沿海部にも存在した。その代表格が福建南部を根城とする鄭芝竜《ていしりゅう》(一六〇四～六一)である。福建・台湾周辺の海上交通を押さえ、台南に拠点を置くオランダ人とも組んで貿易と海賊活動で台頭した彼は、崇禎元年(一六二八)に明に投降して海防遊撃に任じられたのちも、官・商・盗を兼ねて海上活動を展開した。彼は閩南語《びんなん》(福建南部の方言)や日本語、ポルトガル語、オランダ語など多言語に通じ、まさに華夷混淆を身をもって体現する辺境人であった。その子国姓爺《こくせんや》鄭成功が日中の混血児であることも、彼の軍団の性格を物語っていよう。

李成梁、ヌルハチ、鄭芝竜の各集団は、すべて明末の辺境地帯に生まれた華夷混淆の自立勢力であった。前二者は大量の銀が投下される北辺で成長し、後者は銀が流入する沿海部でのし上がった。最終的勝利者はもちろんヌルハチの後継者たちだが、じつはこれより以前、銀の殺到する中国辺境ではなく、むしろ銀の流出する東方海域に彼らと同質の強大な商業・軍事勢力が生まれていた。その勢力は国内を統一して集権化を達成すると、やがて国外に目を向け明中心の国際秩序に無謀にも挑戦する。他ならぬ豊臣秀吉の朝鮮出兵である。

秀吉の大天下盗り

文禄元年(一五九二)四月、秀吉は国内統一の余勢を駆って一六万の軍勢で「唐入り《からいり》」を敢行した（文禄の役・朝鮮でいう壬申倭乱）。かねてより明の征服を表明していた秀吉が、「征明嚮導《せいみんきょうどう》（明征服の先導）」を朝鮮に突きつけ拒絶された腹いせに強引に攻め入ったのである。ただし秀吉は明の征服をたびたび公言してはいたものの、征服後の統治計画については何ら言及していない。朝鮮はさておき、明に対してはせいぜい領土を割譲させて朝貢国とし、日明貿易を復活させるくらいの考えしかなかったのが正直なところではないか。

ところが緒戦の大勝利で秀吉の考えに変化が生じだす。肥前名護屋城で漢城（ソウル）陥落の報に接した秀吉は、すかさず明征服後のマスタープランを発表した。その概略は、①後陽成《ごようぜい》天皇を北京に移し、②甥の豊臣秀次を中国の関白にし、③日本には別の天皇と関白を立て、④朝鮮には留守居役を置いて、⑤太閤の自分は寧波に居所を定める、というものであった。いまだ明との交戦もない段階で、秀吉の野望は誇大妄想的に拡大していた。

秀吉の描いた青写真は、日本国内の京都の天子（天皇）と大坂の天下人（秀吉）の関係をそっくり北京と寧波に移し替え、東南アジア、天竺《てんじく》（インド）をも征服して、寧波中心の大交易圏を建設することにあった。だが、じつは出兵前とソウル攻略時点とでは、秀吉の構想に大きな相違のあることを知らねばならない。

当初、秀吉は日本という天下を統一したのち、朝鮮・明に侵攻して日本中心の「小天下」を拡充する算段であった。その基盤はあくまでも日本であり、朝鮮・明は日本の周縁に過ぎない。

だが北京遷都を構想した時点で基盤は中国に移り、今度は日本そのものが周縁となる。つまり日本中心の小天下の拡大から、中国中心の「大天下」の乗っ取り計画に変更されたということだ。秀吉の夢は大天下の天下人(皇帝)へと膨張したのである。

じっさい、この計画は最初はかなり現実味を帯びていた。鉄砲で固めた日本軍は破竹の勢いで五月にソウルを落とし、六月には平壌《ピョンヤン》を奪い、朝鮮国王が都落ちして王子二人も捕虜になるなど、日本にとり戦況は順調そのものであった。だが、朝鮮側の要請で宗主国の明が軍隊を送ったことで戦況に変化が現れる。遼東軍閥李如松(李成梁の長子)が三万の兵を率いて平壌の小西行長軍を打ち破ったのが文禄二(明の万暦二一)年正月。勢いに乗った明軍はソウル奪回を目指して進撃してくるが、手前の碧蹄館《へきていかん》で大敗北を喫し李如松は完全に戦意を喪失してしまう。

他方、日本側もこの頃には朝鮮全土での義兵の抵抗や李舜臣等の朝鮮水軍の執拗な攻撃にあい、かつての勢威はすでに失われていた。そのため明と日本との間で和議の機運が起こり、紆余曲折を経て明の使者が名護屋の秀吉のもとに到来するのが同年五月。明が降伏したものと思い込んでいる秀吉は、明使に対して①明の皇女の降嫁、②日明貿易の再開、③朝鮮南部の割譲、④朝鮮の王子を人質とする等の無理難題をふっかける。明側からすればとうてい受け入れられようはずもなく、その要求は完全ににぎりつぶされた。

ただ、このとき秀吉の方でも一定の譲歩をしている点に注目したい。それはいったん掲げた大天下の乗っ取り計画を引き下げ、日本中心の小天下の拡充という当初の計画に原点回帰していることである。現実に見合った判断ではあるが、日明貿易の再開と朝鮮南部の割譲だけは、秀吉からすれば唐入りの大義名分を守るためにも譲れぬ最後の一線であった。そしてこの二つの要求の実現こそが、秀吉存命中の悲願となっていく。だが別の見方をすれば、すでにこの時点で秀吉はヌルハチになる機会を自ら放棄したということでもある。

講和の裏で

日明間の和平交渉を現場で担ったのは、明の遊撃将軍沈惟敬《しんいけい》と小西行長である。沈惟敬はもとは市中の無頼といわれ、日本情報に通じていることから兵部尚書石星に抜擢され、遊撃の肩書きをもって前線に派遣された。一方の行長も堺の商家の出身で世故に長けた現実派であり、ともに利害の観点から早期の講和を追求した。彼らはアルタンの封貢をモデルに、秀吉を日本国王に冊封して臣下の礼を取らせ、朝貢貿易を認めて経済的利益を与えれば、日明双方痛み分けで和議が成立するものと踏んでいた。

じつは先の名護屋への遣使も前線での独断的措置であり、行長はこれと並行して臣下の内藤如安《こ》(小西飛騨守《にしひだのかみ》。中国史料には小西飛とある)を偽りの使者として北京に派遣した。さらに和議がなかなか進展しない中、行長は沈惟敬と謀って秀吉の降伏文書である「関白降表」を偽作し、明への謝罪と封貢を求める秀吉の「恭順之心」を訴えた。

万暦二二年(一五九四)一二月に降表が北京に届くと、明の朝廷内ではにわかに封貢論議が起こり、その是非をめぐって議論が戦わされた。大勢は封貢不可であったが、賛成派の圧力を受けた朝鮮からの秀吉冊封の要請もあり、最終的には同年一二月に内藤如安を審問して冊封が決定する。このとき内藤は①日本軍の全面撤退、②冊封のほかは朝貢貿易も互市も求めない、③朝鮮と修好し再び侵犯しないとの三カ条の誓約を受諾するが、すべて秀吉のあずかり知らぬことであった。

けっきょく明は冊封のみ認めて通貢は拒絶したわけだが、どうやら万暦帝はこの措置ですら不本意であったようだ。帝の気持ちを忖度した礼部が当初秀吉に与えようとした王号は、日本国王ではなく順化王すなわち「天子の徳化に順《したが》う王」であった。こうした夷狄の徳化を示す王号は、一般には精悍で粗暴な北狄・西戎に授けるもので、北虜のアルタンは順義王に封じられている。礼部は秀吉を最大の倭寇とみなしアルタン並みに扱おうとしたのだが、最後は万暦帝の決断で日本国王として冊封することに落ちついた。

だが、普通に冊封するだけではやはり気がすまなかったと見え、冊封のためのアイテムに工夫を凝らしている。翌年北京を発った冊封使は冊封通達書である勅諭以外に、誥命《こうめい》(辞令書)、金印、冠服などを持参したが、そのうちの冠服は足利義満に下賜した九章冕服より一ランク下の皮弁冠服であった(七二頁参照)。万暦帝とすれば明に多大な損害を与えた東夷の秀吉に対し、何とか懲戒の意を示したかったらしい。

文禄五年(一五九六)九月、冊封使楊方亨・沈惟敬らは大坂城で秀吉に謁見し、冊封儀礼は滞りなく行われた。秀吉も明側の思惑を知ってか知らでか明の冠服を身につけ万歳を唱えるなど、いたく上機嫌であった。徳川家康をはじめとする諸大名も都督や都督同知などの武官職を受け、冠服まで授かった。秀吉が諸大名を含めて明の冊封を進んで受けたのは、唐入りの失敗で揺らいだ国内の支配秩序の引き締めに明の権威を利用した可能性が高い。勅諭や誥命が後生大事に残されているのも、その事実を裏付けよう。

にもかかわらず、秀吉が第二次出兵(慶長の役・丁酉倭乱)に踏み切ったのは、冊封以外すべて彼の要望が拒絶されていることを知ったからである。面子をつぶされ激怒した秀吉は、怒りの矛先を明ではなく朝鮮に向けた。しかも出兵は朝鮮への制裁という色彩を帯びたため、日本軍の行動は残虐性をきわめた。戦功の証しとして耳そぎ、鼻そぎが行われたのもこのときである。もとは大天下の支配を目指した朝鮮出兵が、最後は朝鮮半島南部での報復戦に矮小化されたところに、豊臣軍事政権の限界を見て取ることができよう。この無謀な侵略戦争は、慶長三年(万暦二六・一五九八)八月の秀吉の死によってようやく終息することになる。

負のスパイラル

銀経済の発展が後押しした中国社会の流動化現象は、一六世紀後半にいたって明王朝の体力を奪い、国内外に対する国家の統制力を弱めていった。国内では農村からの農民の流出を抑えられず里甲制の崩壊を招き、上下の身分秩序も次第に揺らいで下位者の上位者への反抗が常態化した。士庶の境界が溶解したことで山人などの職業的知識人も生まれ、彼らの中には政治の舞台裏でうごめく者も少なくなかった。沈惟敬のような得体の知れぬ人物が活躍できる混沌とした社会状況が当時は存在したのである。

国初に厳格に定められた「華夷の別」もタガが弛み、辺境では華夷の境界が不分明となって無秩序な様相が日ごとに強まった。明の統制力の失墜は辺境や国外に華夷混淆の自立勢力を生み出し、ここかしこに商業・軍事集団が叢生する。加えて周辺諸国の離心傾向が進んで、海外の朝貢国も琉球や暹羅《シャム》など数えるほどとなり、かつての整然とした国際秩序(華夷秩序)など期待しようもなかった。東南アジア地域では先行組のポルトガルやスペインに続き、後発のオランダ・イギリスが虎視眈々と進出の機会をうかがっていた。

国内外にわたる全般的な政治・経済・社会の流動化の中で、東アジアでの覇権獲得に最初に動いたのが秀吉である。先に明の外患としては北虜南倭の騒擾があったが、ともに経済的利益を追求した侵略行為で領土的野心に基づくものではない。アルタンも北京を包囲しても明の征服までは考えておらず、経済的恩恵を与えられればおとなしく引き下がった。だが秀吉は一時的とはいえ明の征服を構想しており、そこには秀吉の個人的野望に加え、明の権威と国力の低下という当時の客観的情勢も関係していた。

そうであればこそ、秀吉に代わった家康があらためて日明貿易の復活を要請したとき、明は完全に無視して取り合おうとはしなかった。対外政策で国防を第一義とする明からすれば、東夷の日本はその後も最も警戒すべき国だったのである。しかしその間、北狄のジュシェンがヌルハチに率いられて着実に台頭し、秀吉以上の脅威となっていく。ヌルハチが明に対する「七大恨」を掲げて蜂起するのは、秀吉の死からちょうど二〇年後の一六一八年(万暦四六)のことである。

朝鮮の役を含む万暦の三大征で明は国力を消耗し、膨れ上がる軍事費は租税に転化されて農民を苦しめた。ジュシェンの強大化は新たな増税を呼び(遼餉《りょうしょう》)、社会矛盾をいっそう激化させた。この間、明は決して無策だったわけではないが、いったんはまった負のスパイラルから脱することはなかなか難しい。しかも、こんな多事多難の折に政界内部では皇帝の私欲が混乱を惹起し、朝廷を去った在野グループは政治批判を果敢に展開した。批判と反批判とが飛び交う中、混乱はやがて朝野を巻き込む党派的な政争へと発展することになる。

第六章　明から清へ

一　政争と混乱のゆくえ

東林運動

商品生産の発展と奢侈の蔓延で道徳的秩序観念の揺らいだ明末には、官僚や都市の富裕層ばかりか皇帝の私欲も無際限に膨らみ、万暦帝にいたってその専恣は極みに達した。「朕は天子である。富は四海の内(天下)を領有して、普天《ふてん》の下、王土にあらざるはない。天下の財は皆な朕の財である」(『召対録』)。こう嘯《うそぶ》く万暦帝は、自己の「大私」を前面に押し出し官僚たちと真っ向から対立した。それを象徴的に示すのが立太子をめぐる騒動、いわゆる国本問題である。

万暦帝の正皇后王氏には子がなく、帝の第一子は宮女の王氏が万暦一〇年(一五八二)八月に生んだ朱常洛であった。第二子は夭折し、やがて万暦一四年正月に側室の鄭貴妃が第三子朱常洵を生んだ。明の規定では嫡子がなければ庶子の年長者が皇位を継承する。当然、第一子の常洛が皇太子になるところを、鄭貴妃を寵愛する帝はその子常洵に肩入れして、いつまでたっても皇太子を立てなかった。

後継者の不在は国本に関わる由々しき事態であり、大臣や言官たちは第一子常洛を冊立するよう繰り返し要請したが、帝は建言者を左遷したり官籍を剝奪するなどして頑なに拒み続けた。この間、言官以外の者の自由な発言を禁じる「百官出位越職の禁」も出され、言路は強引に封殺された。けっきょく国本問題が決着したのは、ようやく万暦二九年になってのことで、この年第一子常洛を皇太子に冊立し、常洵は福王として洛陽(河南省)に封ぜられることになった。だが鄭貴妃はその後も皇太子の廃立を策謀し、福王自身も分封先の洛陽になかなか就藩しようとしなかった。

官僚たちが思い思いに政治批判を行う中、万暦二二年(一五九四)に国本問題で万暦帝の怒りを買い、免官されて故郷の江蘇省無錫《むしゃく》に戻ったのが吏部郎中の顧憲成(一五五〇～一六一二)である。彼は万暦三二年(一六〇四)に宋代の朱子学者楊時の東林書院を再興すると、同志の趙南星、鄒元標らと講学活動を開始し、朱子学の厳格な倫理主義の立場で政治を論じたり人物を評したりした。これが知識人の共感を得て、続々と在野の名士たちが東林書院に集まり、東林の名は天下にとどろいた。世にいう「東林党」の呼称の起源である。

東林書院の名声が高まり、各地の書院も顧憲成らを招いて講学を行い出すと、中央政界にも東林運動の同調者が現れ、東林派とその反対派とで壮絶な政争が始まった。反対派は出身地別に斉党《せいとう》(山東)、楚党《そとう》(湖北)、浙党《せっとう》(浙江)などに分かれ、政治改革をめざす東林党にことごとく敵対した。ただ東林党は主導者の大半が江南出身の南人だという特徴を除けば、一致団結した政治集団というよりは、東林派と目された者に反対派が与えた俗称にすぎず、東林派内部でも意見の分岐があった。今日の政党をイメージすると誤解を生じかねない。

下からの改革

とはいえ、東林党は党派としてまったく実体がなかったのかといえば、もちろんそうではない。党則や綱領はないが、東林派の人たちには思想・信条の面である種の共通性があった。何よりも陽明学末流の空疎な議論を徹底して排し、学問の目的は現実の社会問題の解決にあるとして、朱子学流の道徳観で体制再建をめざしたことである。その方策として主張・実践したのが、中央での政治改革と地方での社会改革に他ならない。

当時中央で立太子の件とともに論議の的となっていたのが鉱税問題である。先述したように万暦帝は万暦二四年(一五九六)以来全国に宦官を派遣し、鉱山の開発や商税の増徴など苛烈な収奪を行った。これに断固異を唱えたのが東林党である。彼らは皇帝・宦官勢力の恣意的な搾取を批判し、天子たる者は「天下の公」「天下の理」の実践者であらねばならぬと強く要求した。あるべき皇帝像を万暦帝に突きつけ、皇帝権力の正常化を図ろうとしたのである。だが帝は聞く耳を持たず、その放恣な態度も最後まで改まることはなかった。

一方、目を地方社会に転じると、社会矛盾の激化した江南に出身する彼らは、弊害を熟知しているだけに豪強(特権大地主)を抑えてさまざまな社会改革を断行した。郷紳の優免特権を制限して、所有田土の広さに応じて里甲正役を課す均田均役法は、その多くを東林派官僚が推進したし、郷約や保甲も彼ら東林派の主導のもとに整備・普及された。都市の善会・善堂運動も東林派の高攀竜《こうはんりゅう》・陳幼学らが無錫で始めた同善会を契機に全国に拡大する。

彼らの狙いは貧民の救済はもとより、地域社会での上位者と下位者がそれぞれ所を得て、各自の分を尽くすことで破綻した秩序を再建・維持することにあった。ここで再び三四頁の図8に戻れば、彼らはまさに儒教世界の郷党よろしく、そこでの上位者(郷紳・士人・父老など)の「養民」と「教民」に期待した。この姿勢は当然ながら、秩序を乱す者は上下を問わず否定することになる。彼らが民変や奴変《ぬへん》(奴隷の反乱)に批判的なのもそのためで、無条件に民衆の側に寄り添ったわけではない。

たしかに彼らは秩序維持のために皇帝権力による社会の統制を支持した。だが、それは社会が国家により良き支配を求める「被支配の論理」に基づくもので、国家(皇帝)の一方的な支配を受け入れたのではない。皇帝権力をバックに上から社会を統制した張居正の政治手法と異なり、東林派は下から順次秩序を積み上げその統括者として皇帝を位置づけた。これを国家へゲモニーと郷村(郷党)へゲモニーの対抗と捉え、専制国家に対する社会の力量の高まりを明末に見出そうとする見解も存在する。

もっとも、この二つのベクトルは少なくとも宋以後の中国社会では常に働いており、国家はその兼ね合いにたえず苦労してきた。国家主導の絶対帝制を目論んだのが張居正だが、すでに時代がそれを許さなかったことを先に見た。むしろ皇帝自身があるべき姿からあまりに逸脱し、国家へゲモニーの核たり得なくなったこと。さらに広範な社会秩序の動揺が儒教の理念を呼び起こし、社会の側からの改革運動となって現れたともみなし得る。その意味では、東林運動はやはり明末ならではの特異な現象ではあったといえるだろう。

魏忠賢の専権

東林派と反東林派の争いは、万暦末から立て続けに起こった宮中での怪事件で一気に激化した。皇太子の住む慈恵宮に棍棒を持った暴漢が押し入り、皇太子を暗殺しようとした「梃撃《ていげき》の案」。皇太子が即位して光宗泰昌帝(在位一六二〇)となった後、一カ月も経たずに丸薬の服用で急死した「紅丸の案」。ともにその背後には福王の母鄭貴妃の策謀があるとして政治問題化した。また泰昌帝の長子朱由校を養育していた帝の寵妃李選侍を、無理やり別宮に移して影響力を排除した「移宮の案」。万暦・泰昌・天啓三朝にまたがるこの「三案」をめぐり、東林派と反対派の間で激しい政争が繰り広げられた。

こんな不安定な政情の中、渦中の人朱由校が一六歳で即位する。明朝随一の暗君といわれる熹宗天啓帝（在位一六二〇〜二七）である。その帝を抱き込み権勢を振るったのが宦官の魏忠賢であった。市井のゴロツキあがりの彼は無学文盲にもかかわらず、持ち前の才覚で司礼監秉筆太監にまでのし上がると、秘密警察の東廠をも管掌して恐怖政治を展開した。天啓初年の政界は東林派が優勢を占めていたが、劣勢の反東林派は魏忠賢と手を組み、ここに東林党と閹党《えんとう》（宦官党）との対立の構図が定着する。

魏忠賢がまず手がけたのが東林派の追い落としである。彼は閹党の言官に東林派を弾劾させて官籍を奪い、代わって腹心を重要ポストに任命していった。多くの東林派の主要メンバーが無実の罪で逮捕され、拷問を受けて惨殺された。天啓五年（一六二五）には東林書院も破壊し、「東林党人榜」というブラック・リストを頒布して東林党人の完全抹消をたくらんだ。さらに三案の記録『三朝要典』を編纂して東林党を徹底的に攻撃したため、さしもの東林党も壊滅的な打撃をこうむり、官界には魏忠賢に媚びる風潮だけが蔓延した。

やがて浙江巡撫が杭州西湖のほとりに魏忠賢を祀る生祠《せいし》を建立したのを皮切りに、総督・巡撫など全国各地の地方官たちは争って生祠を建てて魏忠賢に迎合した。開封では建立のために二〇〇〇軒の家が立ち退かされ、建造費にも数十万両という莫大な金が費やされた。監生の陸万齢にいたっては、都の国学の傍に生祠を建設するよう上奏し、「孔子は『春秋』を作り、魏忠賢は『三朝要典』を作った」（『明史』閹党伝）と臆面もなく媚びへつらい、魏忠賢を孔子と並ぶ聖人に祭り上げるありさまであった。

魏忠賢の行列が市中を通ると、人々はみな土下座して口々に九千歳と唱え彼の功徳を褒め称えた。皇帝に対して用いる万歳はさすがに憚られるので、千少ない九千歳としたのである。官僚たちも歯の浮くような阿諛追従《あゆついしょう》の言葉を上奏文に書き連ね、恥を恥とも思わなかった。この間、肝心要の天啓帝は宮中で趣味の木工細工にかまけて一切政務を執らず、それをよいことに一介の無学の宦官が思うように政治を壟断した。万暦以来の政治の頽廃は、もはや想像を超えるほどの極みに達していたといってよい。

開読の変

もちろん、こうした異常な官界の中にも名節を重んじる官僚は存在した。非業の最期を遂げた「東林七君子」の一人で吏部員外郎であった周順昌は、在職中は清廉剛直で知られ、天啓年間に故郷の蘇州に帰郷してのちも魏忠賢を非難して止まなかった。自身は清貧であったが郷里の民には進んで善行を施し、冤罪や庶民の利害に関わることがあれば代わって役所と掛け合ったので、士民はみな彼の行いを深く徳としたという。

天啓六年（一六二六）三月、魏忠賢は周順昌の罪をでっち上げて逮捕を命じた。開読（勅旨を被疑者と公衆に宣読する儀式）の行われる日、蘇州の西察院（按察使司の役所）には生員や庶民数千人が押しかけ周順昌の無実を訴え気勢を上げた。やがて役人との小競り合いから暴動が勃発し、役人の一人が殴り殺された。騒乱の中、知県(県の長官)らの必死の説得でなんとか群集は解散したが、周順昌は人知れず北京に送られ拷問を受けて獄死する。自首した顔佩韋《がんはいい》等五人の庶民も暴動首謀者として斬刑に処せられ、生員五名も資格を剥奪された。

同じ蘇州で四半世紀前に起こった「織傭《しょくよう》の変」が、税監(宦官)の苛烈な収奪に抵抗する絹織労働者(織傭)の反税闘争であったのと違い、「開読の変」と称されるこの事件は民変の中でも特異なケースであった。周順昌と一面識もなく利害関係も持たない庶民が、彼のために無欲無私の行動に起ち上がったのである。処刑された五人は事件後知識人からもヒーローとして顕彰され、詩に歌われたり義捐金で「五人之墓」が築かれたりした他、小説や戯曲の題材となって人々の脳裏に刻まれた。

図 42　周順昌

いったい、彼ら庶民はなぜ身の危険を冒してまで周順昌のために抗議したり、犠牲となったりしたのか。五人は処刑される段になっても刑に立ち会った閹党の巡撫を罵り、意気揚々と談笑しながら死んだという。おのれの行動に対する後悔など、そこにはまったく認められない。あるのはお上が周順昌に下した処遇に対する義憤だけである。このときの彼らの心性はどのようなものであったのか。再び三四頁の図から考えてみたい。

あるべき世界

儒教の理念世界は、人間に天与の家族愛（儒教では「親親《しんしん》（親《しん》を親《した》しむ）」という）が持つ肉親への無私性（自己の欲望を抑制できる本性）を基礎に構築されている。子の親に対する孝、親の子への慈、弟の兄への悌などは、家族愛の無前提・無媒介の無私性を上下に序列化して規範化したものである。この親親（身内意識）の無私性を家族から宗族・郷党、そして天下へと拡延すれば一切の対立もなくなり、天下も家族同然となって天下一家が実現するというのが儒教の立場であった。また無私性が人格に体現されたものが徳であり、その徳は各ステージ（場）での指導者の条件となる。天下というステージでは君主（皇帝）と臣下（官僚）に、郷党では郷紳・士人や父老に徳が求められた。

徳（その実体化したのが礼）の不備は法（刑）が補い、徳と法をバランスよく行使することで各ステージでの秩序は維持される。社会の側は秩序維持のために国家の法治を容認しつつ、各ステージでの徳治（礼治）に基づく「養民（生活保障）」と「教民（道徳教化）」を期待した（被支配の論理）。

一方、国家は体制護持のために徳治（礼治）よりはむしろ法治によって社会を統制しようとした（支配の論理）。この「支配の論理」を徹底させたのが朱元璋や張居正であり、「被支配の論理」に寄り添い秩序の再建を企図したのが、明初の浙東学派や明末の東林派であった。

ただし、元末の混乱した秩序を「支配の論理」で回復した朱元璋と異なり、張居正は富国強兵のために社会を統制したが、秩序の回復という発想はほとんどなかった。対する東林派はあるべき世界（儒教の理念世界）を念頭に郷党というステージの秩序回復を目指し、分を逸脱する豪強の抑圧や養民（均田均役・善会等）・教民（郷約・保甲等）策を推進した。中央では私欲にまみれた皇帝・宦官派に正論を吐き、地方では庶民の最も身近な問題に徳治で応えた彼らの行動は、明末の種々の媒体を通して人々のもとに情報として届けられた。万暦四二年（一六一四）に福建税監の高寀が福州で苛烈な収奪を行い民変が起こった際、推官（府の刑獄担当官）の周順昌が公平な態度を持して高寀に対抗したことは、人々も耳にしていたことだろう。

周順昌の危難を知った民衆が、民変や奴変が相次ぐ当時の狂騒的な社会風気の中で、義憤にかられて開読の場につめかけたのも決して不思議ではない。彼らは彼らのあるべき世界をイメージし、そのイメージの中に周順昌を置いて彼の助命を嘆願した。一種のマス・ヒステリー状態に陥った民衆は、やがて役人との口論をきっかけに一部が暴徒化して殺人を犯してしまう。すでにこの時点で生員たちは立ち去り、集団的熱狂の醸し出す自己陶酔とヒロイズムの風に押されて、五名の庶民が責任をとり自ら命をささげた。

彼ら民衆の行動を士と庶の連帯として捉える向きもあるが、いささか早計であろう。何よりも周順昌自身、民衆の暴発を危惧しており、彼が最も恐れたのが民衆と官憲との衝突であった。何度もいうように、東林派にとってのあるべき世界とは、各自が各自の分を尽くして秩序が維持される世界であり、上位者が下位者を侵してはならないのと同様、下位者も上位者に背くことは許されないことだったからである。

にもかかわらず、先の五名が士庶双方のヒーローになったのは、彼らの自己犠牲をいとわない絶対的な無私性に人々が共感したためである。私欲が充満する現実世界であればこそ、彼らの行動はひときわ異彩を放っていた。理念世界の全体(天下)を知る者と一部(家族・宗族・郷党)しか知らない者との違いはあれ、士も庶も同じ「親親」のあるべき世界を生きており、五人は無私性という普遍的価値に殉じたことで永遠のヒーローとなったのである。

崇禎新政

天啓七年(一六二七)八月、無為無策の天啓帝が二三歳で病没すると、後継ぎがいなかったため異母弟の信王朱由検が一八歳で即位した。明朝最後の皇帝毅宗《きそう》崇禎帝(在位一六二七〜四四)である。彼は兄の天啓帝と異なり政治に意欲的で、真っ先に魏忠賢を要職から退け鳳陽の祖陵の墓守として流謫した。もはや処刑を免れ得ぬと観念した魏忠賢は、都落ちの途上、阜城《ふじょう》（河北省）の宿で首を吊ってあっけない最期を遂げた。

後ろ盾を失った閹党の大臣・官僚たちは哀れであった。崇禎帝は『欽定逆案』を頒布して閹党二六一人を八等の罪に分け、死刑や流罪等に処したのである。代わって東林派官僚の名誉が回復され、多くの者が要職に任じられて政治の刷新が図られた。かつて『春秋』と並ぶ経典とされた『三朝要典』も廃棄され、全国に建造された魏忠賢を祀る生祠も次々と取り壊された。体制再建を予感させるこんな崇禎帝の働きぶりを見て、官僚たちの間に崇禎新政への期待が高まったのも当然である。

図 43　崇禎帝

だが、それもほどなく幻想に終わってしまう。崇禎帝の致命的な欠陥は「多疑」すなわち疑い深く、短気で忍耐心に乏しかったことである。自己中心的で臣下を信用することができず、思い通りの成果が上がらないと、もう我慢できない。取っかえ引っかえ官僚を任命するので政策の遂行にも支障を来し、それがまた悪循環を生んで崇禎帝の苛立ちを高じさせることになる。一七年間の治世中に五〇名以上の大学士を任じたことから、「崇禎五十宰相」という言葉も生まれたほどだ。

大臣・官僚たちも罷免されるだけならまだしも、帝の過酷な性格は少しの落ち度も許さない。些細なことで多くの者が死刑に処せられた。官僚を信用できない崇禎帝はけっきょく宦官に頼るしかなく、せっかく正常化しかけた政権内部も再び閹党が形成されて政争が再発する。たしかにこうした混乱をもたらした原因の一つは崇禎帝の猜疑心にあった。「烈皇（崇禎帝）の其の臣工（臣下）を視ること一に盗賊の如し、亡びざらんと欲して得ん乎《か》」（黄宗羲『海外慟哭記』附録二）。君臣間の信頼関係が成り立ちようはずもなかった。

だが、はっきりいって崇禎帝でなくとも、この頽勢を挽回することはもはや不可能であったろう。事態は個人の手に負えない段階にまでいたっていた。万暦以来の三朝にわたる政権内の混乱に加え、国外では北方からジュシェンの脅威が迫り、国内では陝西・河南方面の飢饉で無数の流民が発生していた。やがて彼らは反乱軍に加わり、明の屋台骨を激しく揺るがすことになる。打ち続く内憂外患に有効な手立てを講ぜられないまま、なんとかその場しのぎで余命を保っているというのが当時の明朝の実情であった。

二　明朝滅亡

李自成と張献忠

「はじめに」でも述べたように、一七世紀は一四世紀と並んで「危機の世紀」であった。気候の寒冷化による農業生産の減少は飢饉を激発させ、人々の生活を徹底的に苦しめた。地主制の発達した江南と異なり、自作農主体の華北では農民も国家と直接対峙しており、反乱の矛先が最終的には国家に向かう下地はもとからあった。早くも崇禎帝が即位した前後から華北各地で飢餓の軍・民が蜂起し、そこに駅卒(駅伝労働者)、流民、土賊(土匪)、少数民族等が加わり反乱集団は一気に拡大した。彼らは一カ所に留まらず転々と略奪して回ったため、当時「流賊」と呼ばれた。

流賊は掌盤子《しょうばんし》に率いられた多くの集団に分かれ、離合集散を繰り返しながら各地を流動し続けた。掌盤子とは盤子(部隊)を管掌する流賊のリーダーのことで、延安府(陝西省)出身者が少なくなく、のちの有力流賊の大頭目李自成と張献忠も延安府生まれの同郷者である。駅卒あがりの李自成は反乱軍の中で頭角を現し、各地を転戦してやがて崇禎一七年(一六四四)正月に西安で大順国を建設する。かた

図44　李自成

や北辺守備兵であった張献忠は、李自成にやや遅れて同年八月に四川の成都で大西国を建国した。彼が当地で大量殺戮を行い、四川の人口が激減したことはよく知られている。

当初、陝西北部で勢力を築いたのは王嘉胤《おうかいん》という男であった。彼の下には高迎祥や張献忠等が付き従い、李自成も崇禎四年(一六三一)前後に高迎祥の傘下に加わったらしい。王が部下に殺されると、代わって反乱軍のリーダー的存在となったのが闖王《ちんおう》高迎祥である。崇禎八年(一六三五)正月、流賊の頭目たちは滎陽《けいよう》(河南省)会議で戦闘方針を確認し(この会議をフィクションとみる向きもある)、高迎祥等の集団は朱元璋の故郷の鳳陽(中都)を攻撃して祖陵を破壊した。この事件の明政府に与えた衝撃は計り知れない。

翌年、高迎祥は陝西黒水峪《こくすいよく》で明軍の伏兵に捕らえられ、北京に送られ処刑された。これを機に李自成と張献忠は完全に袂を分かち、独自の行動を展開して二度と合流することはなかった。ただ、その後の二人の活動も決して順調だったわけではない。特に崇禎一一年(一六三八)には張献忠がいったん明に投降したり、李自成も明側の攻勢で逼塞状態に陥ったりするなど、二人にとっては雌伏の時期がしばらく続く。

大清の天下

これより以前、一六一六年に後金国(アイシン国)を建てたヌルハチ(在位一六一六〜二六)は、

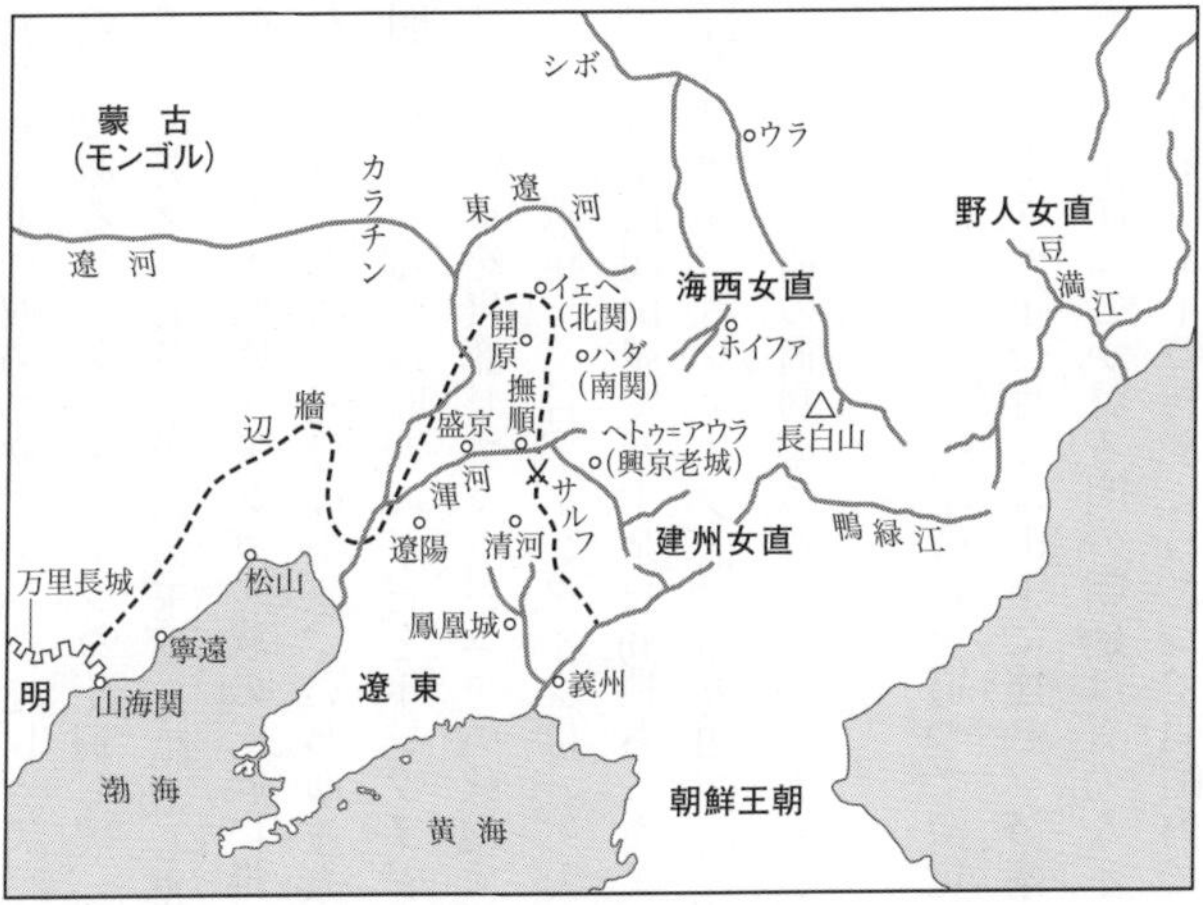

図 45　明朝末期の東北地域

その三年後の一六一九年(明の万暦四七)に明と朝鮮の連合軍を撫順(遼寧省)東方のサルフで打ち破り、数年のうちに遼河以東の多くの要地を略取した。やがて一六二五年に瀋陽(のちの盛京《せいけい》奉天府)に遷都すると、翌年には山海関の攻略を目指して明の前線基地の寧遠を攻撃する。ところが守将袁崇煥《えんすうかん》の使う新式火砲「紅夷砲」の前に手酷い敗北を喫し、ヌルハチも負傷して進軍は頓挫するにいたる。

負傷がもとでヌルハチが死ぬと、あとを継いだのが第八子ホンタイジ(在位一六二六～四三)である。彼は一六二七年、親明政策を掲げる朝鮮に一撃を加え(朝鮮では丁卯胡乱《ていぼうこらん》という)、後金に有利な条件で和議を結んだ。さらに明側に偽の情報を流して宿敵袁崇煥を失脚・刑死させ、この間遼東地域の多くの明の武将も配下に収めて勢力の拡大を図った。また西に向かってはモンゴルに攻め入り、北元の後継者であるリンダン・カアンを圧迫して、彼の死後にはモンゴルの地も併合した。

リンダンの遺児が元朝の玉璽を献上したのを機に、ホンタイジは一六三六年に満洲《マンジュ》族（女真《ジュシェン》の名を変更）・漢族・モンゴル族の三族に推戴され、奉天で天の祀りを行い晴れて皇帝に即位した。国号は大清、元号は崇徳、いわゆる大清王朝の誕生である。ただし、この時点では依然、明を攻撃するのは時期尚早だとホンタイジは考えていた。明に向かって心置きなく西征するには、小中華を自認してマンジュを夷狄視する後方の朝鮮を屈服させておく必要がある。

一六三六年一二月、ホンタイジは一二万の軍勢を率いて朝鮮に攻め入った。朝鮮側は国王仁祖のもと南漢山城で四十余日間持ちこたえたが、多勢に無勢、最後は三田渡の清の陣営に仁祖自ら出向き、ホンタイジに三跪九叩頭の礼をして降伏した（丙子胡乱）。朝鮮は明との関係を絶ち、新たに清の冊封国になったのである。明の東北方に明とは異なる新たな天下が生まれた瞬間であった。

以後、清の明への侵略は年を追って激化した。一六三八年（崇禎一一・崇徳三）九月、長城を越えた清軍は翌年一月には山東に達し、済南の徳王朱由枢《しゅゆうすう》を捕虜にして盛京に連れ去った。主戦派と和平派に分かれる明の朝廷は有効な手が打てず、次々と有能な武将が戦死した。けっきょく、清軍は半年の長きにわたって明国内で傍若無人に振る舞い、京畿・河北・山東の州県七十余城を蹂躙して平然と遼東に帰って行った。

大順政権の誕生

逼塞していた李自成が二代目闖王として、再び表舞台に登場して来るのは崇禎一三年(一六四〇)のことである。この年の秋、四川から河南に入った李自成は翌年一月に洛陽を襲撃し、当地に分封されていた万暦帝の愛息、あの福王朱常洵を血祭りに上げた。当時、全国で一〇万人以上に膨れ上がった宗室の人口は地方財政と民衆生活を圧迫し、権力を笠に着た彼らの専横な振る舞いは社会矛盾を激化させていた。李自成は過酷な収奪と驕奢な生活で民衆の怨嗟の的であった福王を殺害し、その血と塩漬けの鹿肉を混ぜて「福禄(鹿と同音)酒」と名づけ、皆で酒盛りして溜飲を下げたという。

この頃になると集団の性格にも変化が兆しだす。知識人の不満分子が反乱軍に加入し、集団に指針を示し始めたのである。挙人出身の牛金星、李巌(存在を疑問視する説もある)、術師(占い師)の宋建策等が政策決定や宣伝工作・軍事作戦などに力を発揮した。福王の膨大な財産の一部を民衆に分配し、幅広い支持を得ようとしたのも彼らの提言による。集団のスローガンの「均田(土地の均分)」「免糧(銭糧の免除)」も、従来の流寇的性格を脱して農民に基盤を置こうとする政策転換の中から生まれたものであった。

さらに見逃せないのは、都市の攻略ごとに文武官を置いて略奪を禁じ、秩序維持と民心の獲得に努めるようになったことだ。この趨勢は次第に政権の樹立へと向かわせ、やがて崇禎一六年(一六四三)一月に襄陽(湖北省)を落とすと襄京《じょうけい》と改め、中央官制を設けて政権の体裁を繕った。李自成自身も新順王を名のり、新王朝の創設に意欲を見せた。これは同年末に西安(陝西省)を攻略したことで、より現実味を帯びてくる。翌年正月、李自成は西安を西京と名づけて正式に建国し、国号を大順、永昌と建元した。

この時点で中国の内外には三つの王朝が鼎立することになった。大順、大清、大明の三王朝で、それぞれ独自の性格を持っていた。大順は見かけの上では中華王朝の外皮を纏っていたが、実際には流民や小農民に基盤を置く農民政権のままで、地主と小農民、士と庶など上下双方が所を得て共存する伝統王朝の域には達していなかった。財政的基盤を確立できず、最後まで郷紳や大地主・大商人からの無制限・無計画な金品・糧食の収奪(追贓助餉《ついぞうじょしょう》)に頼っていたことが、何よりもその事実を物語る。

一方、大清は中華王朝にならって皇帝制度を採用したものの、夷が支配者となった多民族国家であり、中華統治の手立ても正当性の根拠も未確立であった。それゆえ、本来ならば大明こそが絶対的に優位な立場にあるものを、その大明も政権中枢の混乱で機能不全に陥り、かつての面影は完全に失われていた。中華王朝とは名ばかりで、中華の人心もとっくに離れていたのである。この不完全な三王朝の三《み》つ巴《どもえ》の戦いが、最後の時を迎えることになる。

北京陥落

最初に動いたのは大順政権であった。崇禎一七年(一六四四)一月、李自成は大軍を率いて西京を出発し三方向から北京に向かった。途中、明軍の投降を受け入れながら北京城下に到着したのが三月。大順軍の一斉攻撃を前に、もはや為す術《すべ》のない崇禎帝は皇子たちを市中に放つと皇后には自殺を命じ、公主(皇女)たちが賊に辱められるのを恐れ、号泣する二人の娘を自ら手にかけた。翌朝、一人残った宮中で帝は手ずから警鐘を鳴らすが、駆けつける者は誰もいない。すでに官僚や宦官たちは帝を見捨てて逃げ出していたのである。

その後、憔悴しきった崇禎帝は紫禁城の裏手の万歳山(景山)に登り、寿皇亭の傍の樹木に縄をかけ自ら命を絶った。享年三四。殉死したのは司礼監秉筆太監の王承恩ただ一人であった。このとき崇禎帝は衣の袖に次のような遺詔を残している。「朕は一身の利害を顧みず政務に励んできたが、天の咎めをこうむってしまった。だがすべて諸臣が朕を誤らせたのである。何の面目ありて地下で祖宗に見えることができよう。……。賊が朕の屍《しかばね》を切り裂くのは為すに任せようが、百姓は一人も傷つけないで欲しい」(『明史』荘烈帝本紀)。死に臨んでなお彼は亡国の責任は臣下にあると考えていた。

図46　呉三桂

北京陥落の報は、山海関の外で清軍に対峙する総兵官呉三桂のもとにいち早く届いた。彼はいったん李自成への降伏を決意するが、愛妾が賊軍に奪われたことを知って翻意し、意想外の行動に打って出る。何と今まで敵対していた清軍と手を結び、来攻する大順軍に一致協力して立ち向かったのである。清軍からすれば渡りに船で、賊軍討伐の大義名分を得て難なく入関（山海関を越えて中国本土に入ること）を果たすことができた。一方、李自成側はまったく予期せぬ清軍の出現で大敗北を喫し、ほうほうの体で北京に引き返した。

この時点で三つ巴の構図は大きく変化する。大明皇帝は今はなく、大清は一気呵成に中華の地に進攻し、大順は北京の維持さえ覚束なくなった。大清と呉三桂の連合軍に怖気づいた李自成は西安への退却を決意。正当性を確保するために倉卒の間に天を祀って皇帝に即位すると、紫禁城に火を放ってありったけの財宝を携え都落ちした。李自成が明に代わって北京の主であったのは、わずか四二日間にすぎなかった。

李自成の去った北京に清が入城するのは同年五月。幼い順治帝（ホンタイジは前年に死亡）に代わって後見役の摂政王ドルゴン(ホンタイジの弟)が北京に乗り込み、明の課した過重な付加税を廃止したり、明の旧官僚をそのまま任用するなど懐柔策を次々と打ち出した。四方に向かっても遠征軍を派遣し、混乱が一段落した九月に順治帝を迎え入れて北京遷都を宣言、あらためて即位儀礼を挙行して清の中華支配を正当化した。

かたや清軍の攻勢に耐え切れなくなった李自成は再び西安を離れ、流賊時代と同様、大軍を率いて各地を転戦する。だが烏合の衆と化した李自成軍に勝算はなく、最後は湖北東南部の九官山で壊滅的敗北を喫し、李自成も追い詰められて順治二年(一六四五)五月に農民の自警団に殺害された(死亡月には諸説あり)。三つ巴の抗争はここにひとまず決着し、大順の名号はわずか一年半ばかりで永遠に消え去ったのである。大順にやや遅れて成都で誕生した張献忠の大西国も、翌年清軍の攻撃を受けて滅亡した。

三　混沌の帰趨

南明の抵抗

北京を中心に中華支配を拡大する清に対抗して、南方では明の亡命政権が相次いで誕生した。これらを総称して「南明」という。副都南京では福王常洵の子由崧《ゆうすう》が福王(弘光帝)政権を樹立

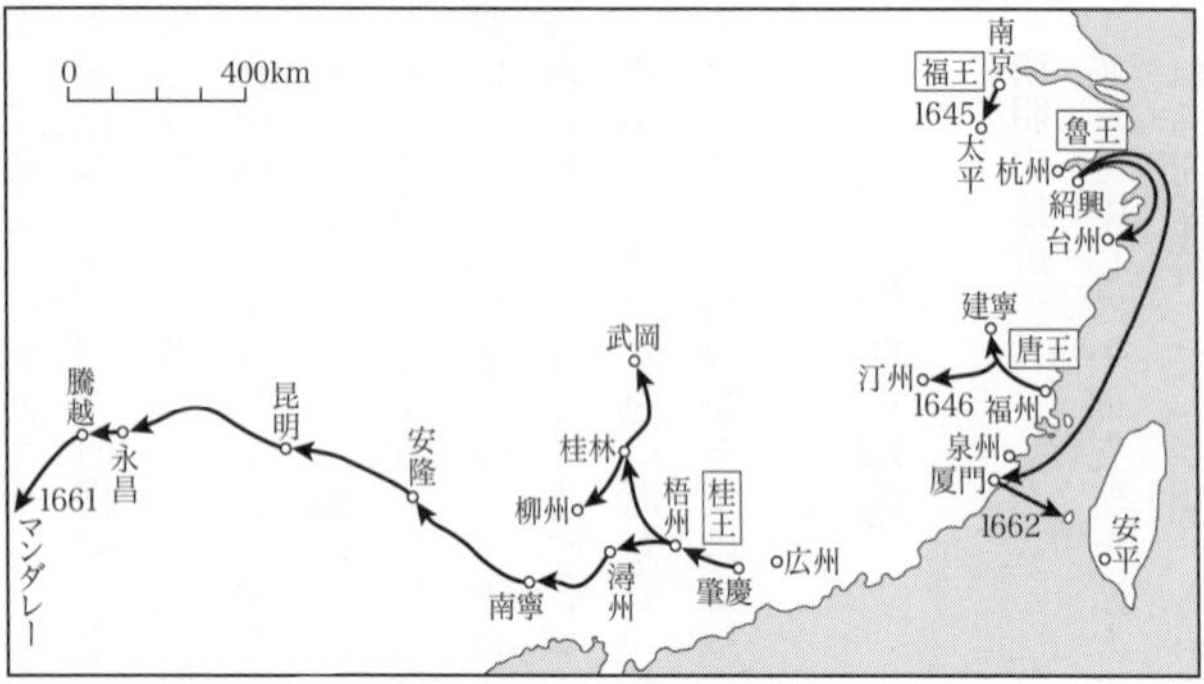

図 47　明の亡命政権

したものの、前朝以来の東林・非東林の対立が持ち越され、清軍の攻撃を受けてわずか一年足らずで崩壊した。紹興(浙江省)の魯王政権、福州(福建省)の唐王(隆武帝)政権もまた一年前後で滅亡する。慶肇《けいちょう》(広東省)で樹立された桂王(永暦帝)政権のみ西南地域で勢力を保ったが、最後はビルマに逃げ込み一六六一年(永暦一五・順治一八)に永暦帝も捕らえられて処刑された。

明に帰順していた海上勢力の鄭芝竜が、福王亡きあと息子鄭成功とともに積極的に支援したのが唐王政権である。だが一六四六年(隆武二年)に唐王が敗れて鄭芝竜も清に寝返ると、鄭成功は永暦帝を奉じて「反清復明」活動を継続した。この間、鄭成功は周辺諸国に軍事的・経済的援助を求めたが、なかでも母の国である日本には何度も使者を派遣して懇請した。いわゆる「日本乞師《きっし》」である。ただ当時の日本はすでに鎖国体制をしき、江戸幕府も海外派兵には慎重であったため彼の企てが成功することはなかった。

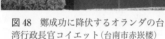

　乞師は周辺諸国ばかりか遥か西欧に向かっても試みられた。永暦政権には王皇太后をはじめキリスト教の受洗者が多く、彼らはマカオの宣教師を通じて王皇太后（洗礼名はヘレナ）の書簡をバチカンに送り、支援要請を行ったのである。永暦四年（一六五〇）に出発した使者が法王の返書を持ち帰ったのが永暦一三年。すでにこの時には王皇太后も亡くなり、永暦政権もビルマに逃れ滅亡直前であった。バチカンへの乞師は最後のあがきでもあったが、日本乞師を始めとする海外への援軍要請自体、当時の中国と世界との心理的・物理的距離が想像以上に近かった証しであろう。

図48　鄭成功に降伏するオランダの台湾行政長官コイエット（台南市赤崁楼）

　その後、鄭成功は台湾のオランダ人勢力を駆逐して台南を根拠地にすると、親子孫三代にわたって抵抗運動を継続し、約二〇年後の一六八三年（康熙二二）、孫の鄭克塽《ていこくそう》の時に清に降伏する。これをもって清の中国支配は完成するが、鄭氏政権の崩壊は南明の抵抗の終焉であり、同時に一六世紀の後期倭寇以来の自律的な海洋世界の消滅をも意味した。明に代わった清はあらためて海禁ベースの管理貿易体制を構築し、大陸国家としての面貌を新たにする。これ以後海洋に対して積極的に働きかける強大な海上勢力は、二度と生まれることはなかったのである。

明朝遺臣の選択

それにしても明の滅亡が官僚・知識人に与えた衝撃の大きさは計り知れない。一度は李自成をリーダーとする賊軍によって皇帝（天子）を失い、もう一度はマンジュ族清朝という夷狄によって中華の地を奪われたのだから、彼らが茫然自失となったのも当然である。わずか数カ月の間に二度まで王朝交替を経験した彼らは、先行きの見えない不安定な極限状況の中で、生死をかけて自己の身の振り方を決断せねばならなかった。

明滅亡時、明の官僚・知識人には大きく分けて四つの行動パターンがあった。①国と運命を共にする殉死。②新王朝（大順ないし大清）に徹底抗戦をして南明政権を支える積極的抵抗。③抗戦はしないが新王朝にも協力しない消極的抵抗。④新王朝への自主的あるいは強制されての投降・出仕。もちろんこの四者は截然と区分できるものではなく、抗戦する者の中でも温度差があったし、途中で新王朝に帰順して出仕した者も存在する。逆に、いったんは出仕したものの最後は背いて敵対した者もいた。

投降か抵抗(殉死)かの選択は北京が陥落した時だけでなく、南明が滅亡するたびに南方でも繰り返された。前後合わせて多数を占めたのは投降・出仕者であり、その大半は自家の保全のためであったが、中には救世の念から清朝に協力する者も存在した。清朝の方でも中華の統治には彼らの知識と経験が必要で、新政権への取り込みに熱心であった。明清交替時に彼らは両王朝をつなぐ貴重なパイプ役を果たしたのである。そんな彼らも二朝に仕えて臣節を汚した「弐臣《じしん》」という負い目だけは常に感じていた。

弐臣と異なり清朝への民族的反発と明朝への忠節から、頑なに出仕を拒んだのが遺臣(遺老)である。彼らは清朝に協力するよりは、清の後の来る後王(聖王)の治世に自分たちの理想を実現しようと目論んだ。彼らは後王の治に資するために王朝滅亡の原因を追究し、体制改善策や改革案を必死に模索した。そこから時代を象徴する著名な経世家が輩出するが、その代表格が清初の三大儒といわれる顧炎武《こえんぶ》(一六一三〜八二)、黄宗羲《こうそうぎ》(一六一〇〜九五)、王夫之《おうふうし》(一六一九〜九二)に他ならない。彼らは東林派の主導者と同じく江南出身の南人であり、当地に伏在する経世思想の水脈が、明の滅亡で一気に奔流となって地表に溢れ出たともみなせよう。

明末経世論の系譜

彼らはともに明の遺臣と称したが、明の遺臣の明とは畢竟《ひっきょう》中華文明そのものであった。その

図49　黄宗羲

文明を奪った夷狄のマンジュを念頭に、「華夷の別」を特に強調したのが王夫之である。彼の民族思想は王統についての次の言葉に端的に示されている。「禅譲もよし。世襲もよし。革命もよし。ただ夷狄だけはそこに介入させてはならぬ」(『黄書』原極第二)。

いったい、明末の東林派の改革思想は「小東林」と呼ばれた復社などの文社(科挙を目指す民間の文人団体)を経て遺臣に継承され、そこに新たに華夷思想も加わり彼らの改革への意欲はにわかに高まった。魏忠賢に逆らい獄死した「東林七君子」の一人黄尊素を父に持ち、おのれも復社の政治活動に参加した黄宗義は、暗夜が明けて聖王が現れることに期待して『明夷《めいい》待訪録《たいほうろく》』を著した。彼はその中で宰相の復活や学校の議会化、科挙制度の改革等を提案し、それらを通じて皇帝の独裁権を掣肘するよう主張する。さらに自己の「大私」のみ考え万民の利害を顧みない君主は、君主設置の本意に反するとして激越な口調で糾弾した。

また、同じく復社出身の顧炎武によれば亡国は王朝交替にすぎないが、亡天下は仁義道徳に基づく中華文化の消滅を意味し、匹夫《ひっぷ》(庶民)にも責任があるという。その匹夫の生活保障を担う郡県の地方長官も、中央(皇帝)の顔色をうかがうばかりで民生には関心をはらわず、結果として民衆反乱を招くことになる。そこで長官に当地出身者を当てて終身制・世襲制にし、周の封建制のように地方を領有させれば、土地や民衆への愛着も生まれて民生も豊かとなり国勢も強固になるに違いない。要は「封建の意を郡県の中に寓す」べきだというのである。

両者ともに皇帝制度の廃止は唱えておらず、三四頁の図8の理念世界の視座に立って現実世界の制度改革を提言したにすぎない。どちらかといえば黄宗羲は絶対帝制の核心である皇帝権のありかたを追求し、顧炎武は絶対帝制下での民生の保護に比重を置いている点に違いがある。それが一方は皇帝権力の相対化の主張となり、他方は地方自治論につながるわけだが、ともに東林派の改革思想と同様、社会の側から国家(皇帝)により良き支配を求める「被支配の論理」に立脚していることはいうまでもない。華夷思想もさることながら、あるべき世界からあまりにも逸脱した現状への不満がその根底にあり、明末以来の乱れきった秩序を本来の姿に戻すことに、彼らの思想の最大の眼目があった。

だが、清が中華統治に臨んで明の専制体制を受け継いだことで、彼らの提言は日の目を見ることなく歴史の流れの中に埋没してしまった。明末の東林派に始まる実践的な経世論の系譜は、彼ら遺民たちの君主論・封建論など斬新な政策論を最後に、清朝の統治が安定化するに従い東林的風気を失っていった。あたかも明末の喧騒の沈静化に歩調を合わせるかのように。それはまた一六世紀以来の長い明末の終焉を意味するものでもあった。彼らの思想があらためて脚光を浴びるのは一九世紀も後半の清末のことである。

華夷変態と日本の小天下

夷から中華を回復した元明革命と異なり、明清革命は夷が中華の地を奪って達成されたものであった。夷狄が中華を支配したことで周辺諸国の中華を見る目も変わり、明末以来の離心傾向はなおさら強まることになる。諸夷の競合する東アジアでは清が夷による中華統治の正当化を模索する一方、周辺の諸夷もまた自国を中華に見立てて独自の天下を作り上げていった。それを典型的に示すのが東夷の日本である。

秀吉の描いた征明による大天下構想が崩れた後、家康時代に明の冊封体制への復帰を試みた日本だが、それに失敗すると自らを中華と位置づけ対外関係の再編に着手する。琉球の征服(一六〇九年)や台湾の征討(一六一六年)のほか、朝鮮通信使や琉球国王への「江戸上り」の要求など、日本中心の国際秩序の建設が、すでに明末の頃から始まった。清の成立以後は中国からの自立化とその概念化がいっそう進み、鎖国体制下での「日本型華夷秩序」と、中国皇帝の臣下の国王号を嫌って将軍を日本国大君と呼ぶ「大君外交体制」が成立した。

こうした動きの背景にあるのが、古代以来培われてきた日本独自の天下(小天下)観念である。天皇(天子)を中心とする日本の小天下は、ある意味本場の中国の天下(大天下)の焼き直しであった。古代の律令時代にあっては、中央には天皇の治める中華があり、その周りに蕃国(新羅・渤海等)や隣国(唐)、さらには夷狄(蝦夷《えみし》・隼人《はやと》等)が配置され、小天下の華夷秩序を維持するのは天皇(天子)の徳だとされた。

だが中世以降、武士が台頭して武家政治が始まると、やがて実質的な主権者としての「天下人《てんかびと》」が新たに登場する。この言葉自体江戸時代初期の成語であり、小天下の概念化・体制化の過程で生まれたものであった。しかも天下人の天下統治の根拠は「武威」にあり、天子(天皇)に求められる徳とはまったく異なっていた。つまり日本の小天下は天朝(天子の朝廷)の主宰者である天子(天皇)、世にいう「天子様」「天朝様」と、天下の統治者である天下人(征夷大将軍)すなわち「天下殿」との二頭体制として完成したわけだ。

清の国際秩序から完全に離脱し、鎖国体制下で小天下を完結させた日本は、清の大天下を相対化できる立場にあった。江戸幕府のブレインの林春勝・信篤父子は、長崎来航の中国商人の口述記録「唐船風説書」をもとに『華夷変態』を編纂したが、書名の底意は華夷の立場が逆転したとの謂いで、そこには清への蔑視感が込められていた。おのれが東夷であることを棚に上げ、日本はすでに心情的にはすっかり中華のつもりであったのだ。

小天下の諸相

地政学的にいって日本が大天下から自立しやすかったのに対し、中国と隣接する朝鮮とベトナムは大天下との兼ね合いに苦心せざるを得なかった。ベトナムが天を南北に分けて「南天」を自国の天下としたことは有名だが、朝鮮でも高麗時代には天を東西に区切って、高麗国王を「海東天子」と称したこともあった。

だが朝鮮王朝が誕生して明との間に君臣関係が生まれ、事大主義(対中国臣従主義)が国是になると、朱子学的名分論から小天下の主張は自重されるようになる。日本が自前の天下・天朝・天子を持ったのに対し、朝鮮で天下といえば中国の大天下を意味し、天朝・天子もすべて中国王朝のそれであった。そんな状況下で、自国のアイデンティティーの根拠となったのが小中華の観念に他ならない。

この観念は小天下を放棄して大天下の中に自国を位置づけ、中華(この場合は明)に準じることに価値を見出す文化的自尊意識に基づいていた。間違ってはならないのは、小中華(小華)とは中国と朝鮮との二国間の政治的・文化的関係性から生まれた歴史用語であり、本場の大中華(中国)に対する周辺諸国の小中華といった、東アジア全体に一般化できる観念ではない。それゆえ明に代わって夷狄の清が中華を支配すると、朝鮮では明最後の崇禎年号をそのまま使用したり、明の皇帝を祀る大報壇を建設したりしたほか、朝鮮こそが真の中華だとの思いが知識人の間で強まり、小中華観念は独自の発展を遂げていく。

一方、ベトナムは一〇世紀に中国から独立して以後、大天下に包摂されつつ国内では皇帝を中心にベトナム独自の天下観を築いていった。ベトナムにとっては、自国の天下は決して小天下ではなく、主観的には中国と対等な南の大天下であった。だが、実際は中国の大天下の中の小天下に過ぎず、中国の朝貢国であることは朝鮮と変わりはなかった。つまり、ベトナム国王は小天下では皇帝(大越皇帝)、大天下では中国皇帝の臣下(安南国王)というダブル・スタンダードを持していたのである。

ベトナムが朝鮮や日本と異なるのは、自国の小天下を制度的にも大天下に近づけることで、中国との対等性を担保しようとしたことである。皇帝号の僭称や独自年号の使用はもちろん、一五世紀末には周辺の占城《チャンパ》・暹羅《シャム》・爪哇《ジャワ》などを朝貢国とし、「南の中華」の形象を巧みに作り上げた。中国に対抗して徹底的に中国化を進めた結果、朝鮮と同様、夷狄・清への反発から、最後はベトナムにこそ真正の中華文化があるとの意識を生み出すにいたる。

統制的な明の朝貢一元体制に比べて清の対外政策はかなり大様で、東アジア諸国も独りよがりの中華を築いて清に負けじと張り合った。小天下が大天下に収斂・凝縮されて成立したのが明初の朝貢一元体制であるならば、その体制がいったん明末に弛緩した後、民間交易の認められた清代には大天下と小天下(あるいは小中華)がゆるやかに連携・並立することで、新たな東アジアの国際秩序が構築されたのである。

国際秩序の柔構造と同じく、清は国内的にも明の「固い体制」を排して「柔らかい体制」へと軌道修正を図ったとされる(岸本美緒氏の表現)。明初に施行された厳格な戸籍制度や里甲制のような統制的な郷村組織はなくなり、明末に成長した郷紳や宗族など在地勢力の主導する民間秩序に一部依拠して柔軟な統治が行われた。後ろ向きに硬直した明初体制が崩壊した後、清はある意味社会のニーズをそつなく汲み取り柔軟路線に転換したわけだ。明末以来の混沌の帰趨は、清の登場で最後は落ち着くところに落ち着いたというべきかも知れない。

おわりに

宋以後「近世」の中華王朝を特徴づける主要な与件として、「はじめに」において三つの対抗基軸を指摘した。すなわち、①中華と夷狄の抗争、②華北と江南の対立、③大陸中国と海洋中国の相克。これら三種のせめぎ合いが最も先鋭化した元末明初に、国家(皇帝)が一方的に力ずくで創出したのが明初体制であり、これによって先の諸矛盾もひとまず解消された。社会の意向を半ば無視して確立されたのが明初体制であり、それを可能にしたのが中国社会の体制的帰結ともいうべき明初の絶対帝制であった。

絶対帝制の明初体制下では国家が社会(民間)を厳格に統制し、現物経済の維持と身分序列の固定化で社会の流動化を抑え、「分」に基づく他律的儒教国家を現出させた。政治体制では南北の均等支配が追求され、最終的には北方への遷都——具体的には永楽の北京遷都で南人政権から脱却して統一政権の完成を見る。北から南を支配する新しい体制を構築することで、江南発展史の到達点でもある南人政権の限界を乗り越えたわけだ。

対外的には長城と海禁とで内外の自由な往来を断ち、華と夷を完全に分離する一見内向きの政策が採用された。これ以後民間の国際貿易は完全に禁止され、国際交流・交易を国家間に限定したいわゆる朝貢一元体制が誕生する。この体制は、北辺では「中国の門戸」の北京を拠点に長城沿いの辺鎮と辺禁によって維持され、沿海部では海禁と一体化して機能した。特に倭寇・海賊対策であった海防策の海禁が、朝貢制度とリンクして朝貢貿易や国際秩序をも統括する海禁＝朝貢システムを創出した意味は大きい。明との交易を望む海外諸国は、すべて冊封されて朝貢国になるしかなくなったからだ。

それゆえ内向きに見える朝貢一元体制だが、じつは必ずしもそうではないことに注意する必要がある。民間交易が断たれた以上、朝貢一元体制は貿易を希求する周辺諸国を必然的に巻き込む世界システムの性格を帯びざるを得ない。一四世紀後半から一五世紀前半にかけて、アジア大陸東半に政治と経済とがドッキングした明中心の特異な広域交易圏が形成された。政治主導の政経一体をなす中国中心の統制的な世界システム、中華世界システムの生成である。西欧の近代世界システム以前に、東アジアにはまったく異質で完璧なまでの世界システムが存在した意味は限りなく重い。

一五世紀も半ばを過ぎた頃から商業化と都市化の動きが徐々に進み、中国社会は漸次流動性を増して明初体制に変化が現れてくる。銀経済の発展にともなう奢侈の蔓延はモラルの荒廃を生み、伝統的な上下秩序に対する懐疑も兆しだす。この趨勢は一五・一六世紀の交の明代史の転換点を経ていっそう強まり、下位者が上位者に盾突く秩序の転倒現象がここかしこに表出した。さらに国家の社会に対する統制も弛み、交易ブームに乗って南北辺境では密貿易が活発化し、朝貢一元体制の土台を着実に崩していく。国内的にも対外的にも、明初体制の揺らぎはもはや修復し難い極みに達しつつあった。

時あたかも国外からは大航海時代の風波が突然かぶさってくる。日本や新大陸などの海洋からの銀の衝撃は国内の混乱をいや増し、辺境での交易ブームは北虜南倭の騒擾を招いて明の屋台骨を側面から揺るがした。この間、一五六七年の月港開港と一五七一年のマニラ建設で、新大陸からの銀の流れが太平洋経由の西回りで中国に達し、従来の東回りと合わせてヨーロッパ・南北アメリカ・アジアが銀を媒介に繋がることになる。中国経済も世界経済に完全に組み込まれたわけで、スペインのマニラ建設をグローバル化の端緒だとみなす有力な見解もある。

だが、これを契機に明朝が朝貢一元体制から互市体制に移行したとか、海洋重視の政策に転換したとか考えるのはいささか短絡的である。率直にいって明の中央政府の対外方針は国初となんら変わっていない。海防問題から海禁を実施した明朝中央は、海防問題から海禁を緩和し、そして海防問題から秀吉の封貢にも反対した。月港の開港に際しても、交易秩序の再編などという発想はどこにも見当たらない。むしろそこでは国家の全体秩序を維持・安定させようとの政治主導の中国的論理が優先された。

たしかに福建・広東の地方政府には、その土地柄からして伝統的に海洋重視の素地があった。この動きを後押ししたのが江南での商品経済の発展と、海外貿易に対する民間の強い要求である。この点、海防に固執する北京の中央政府と福建・広東の地方政府との間には微妙なスタンスの違いがあり、そこには国家と社会の乖離あるいは政治の北と経済の南の相克が存在した。北京政府にとり月港開港が単なる海禁体制の再編でしかなかったことは、『明実録』中に月港開港の事実が完全に欠落していることからもうかがえる。

結論的にいえば、中国社会に対する外国銀の衝撃は甚大であったが、明の対外方針を変更させるまでにはいたらなかった。動揺しつつも依然、中華世界システムとしての朝貢一元体制の枠組みは機能しており、日中の密貿易者もヨーロッパ勢力もその揺らぎの間隙をついて交易を行ったに過ぎない。当時のヨーロッパ勢力のプレゼンスはその程度のもので、大陸中国に軸足を置く中華世界システムに対して、海洋からの近代世界システムはまったく太刀打ちできなかったのである。

やがて一七世紀末には日本銀の産出量も減少したうえ交易ブームも去って、陸海の交錯の嵐は沈静化するが、朝貢一元体制の残影だけは失せることはなかった。海外諸国が一度でも使節を派遣すれば清朝は朝貢国とみなしたし、朝貢国ではない貿易だけの「互市国」という概念が生まれるのも、やっと一九世紀初頭の国制総攬『嘉慶大清会典』（一八一八年刊）においてであった。こうした明清の連続性は他の分野にもいえ、先の宋以後の三つの与件は清代にもそっくり継承された。国家の社会に対する支配の方式も、宋代に成立した君主独裁体制下での三四頁の図8のままであることを思うと、宋代から清代までを近代に先立つ基本的に同質の時代、すなわち「近世」と規定することもひとまず許されるのではないか（本書はその立場で論じている）。

一九世紀に近代の世界資本主義システムが地球的な規模で成立する以前の時代として、今日では一六・一七世紀以降を近世と呼ぶことが多い。この時期には洋の東西を問わず、商業化、都市化、人口の増加などの諸現象が共時的に見られ、東アジアでは銀の流通と社会の流動化が旧体制の解体と新体制の形成をもたらしたとして、本書でいう近世とは別の近世概念が提示されているわけだ。最近流行のグローバル・ヒストリーとともに、こうした意味での近世を冠した書籍やシリーズ物の出版は枚挙にいとまがない。

もっとも、中国史の側から東アジアを捉え直せば、「唐宋変革」という中国国内の画期的事件に即応して東アジアの周辺諸国にも政治的変動が起こり（新羅の滅亡、高麗の統一、契丹《キタイ》の勃興、渤海の滅亡、ベトナムの独立等々）、それが最終的に整序されたのが明初体制と朝貢一元体制（中華世界システム）だと言い換えることもできる。それゆえ、明の「固い体制」から清の「柔らかい体制」への移行は新旧体制の転換を意味しようが、それは変革というよりはむしろ再編と理解する方が事実に合致していよう。

それでもこの時代以後、中国社会はさらなる変転を遂げ、現代につながる伝統社会が熟成した点に着目すれば、一六・一七世紀を境に中国史は近世後期に移行したといえるかも知れないし、明初体制そのものが宋以後の諸矛盾の止揚形態(それは同時に中国社会の体制的帰結)であることを重視するならば、その体制の崩壊する一六・一七世紀の明末清初期から、自生的な中国的近代への緩やかな歩みが独自に始まったといえなくもない。ただし、その歩みの独自性が最後まで維持できたかは自ずと別の話ではあるが。

いずれにせよ、中国史の時代区分を詮索することが本書の主意ではないし、時代区分は歴史の変化の相を跡付けるためのものである以上、視点の置き所によってはいくつもの異なる解釈が生まれ得る。ただいえることは、東アジアには東アジアの中国には中国の論理があり、それは国際貿易とか銀の流入などの可変的な外因ではなく、最も変化しにくい文化という内因に由来するものだということだ。ヨーロッパ勢力のアジア進出以後、経済のグローバル化は時代とともに進展したが、東西共通の座標軸の形成は、天下観を共有する東アジア諸国間のそれのように簡単にはいかなかったのである。その事実は明代に続く清代においてあらためて証明されることになる。

あとがき

全五巻からなる本シリーズだが、各巻の巻頭にある「構成図」を見ても分かるように、五巻中の四巻は王朝ないし時代をまたいだ通史の体裁をとっている。ただ第4巻のみ明という王朝に特化した断代史であり、この構成に違和感を覚えた方も多かろう。中国四千年の歴史の中で、せいぜい三百年たらずの一王朝に五巻中の一巻を充てるのはなぜなのか。よほど明という時代が重要なのか特異なのか。本来ならば最初に述べるべき事柄だが、最後に一言補足説明をしておきたい。

明が重要か特異かは別として、本シリーズが掲げた中国社会の多元性と多様性の観点からいえば、いったん明で総括する必要があったのは事実である。第1巻の「中華」、第2巻の「江南」、第3巻の「草原」。各巻のテーマの展開形態が、本書の「はじめに」で示した宋以後の三つの対抗基軸、すなわち①中華と夷狄の抗争、②華北と江南の南北の対立、③草原を含む大陸中国と東南沿海の海洋中国の相克である。その三者が元末で交錯して中国社会を激しく揺さぶり、それに直面して対応を強いられたのが明代であった。明初体制とはそんな混沌とした元末的状況に対する一つの解答であり、三つの対抗基軸は統一王朝のもとに収斂・整序され、多元性・多様性にも一元化・画一化の規制がかけられた。

この一元化・画一化のモチーフが、すべて儒教の論理に裏打ちされていた点に明初体制の特徴がある。いや、その論理に則らざるを得ない点こそが中国社会の特徴であり、そこから極度に統制を強めた明初体制が、中国社会の体制的帰結として必然的に現れてくる。明代史とは、この固い明初体制がやがて弛緩し、そして破綻し、さらには崩壊していく過程として捉えることができるだろう。その意味で、明の興亡は単なる一王朝の興亡ではなく、宋以後の諸課題が凝縮された時代の興亡でもあり、そのありようと顚末を描いたのが第4巻の本書なのである。明が単独の一巻となったゆえんもそこにあるといってよい。

そもそも新書の中国史で明代史の専著はいまだなく、清とセットで論じられるのが一般的である。それは政治制度の連続性だけでなく、明初体制を崩壊に導いた諸矛盾が、そのまま清代にも継承されたことによる。「明清」と一括して理解されるのもそのためで、本シリーズはその点からいっても従来の中国史の枠組みと大きく異なっている。ただ本書は明初体制の特質とその変移に焦点を当てており、そうであれば明初体制の崩壊と明の滅亡でひとまず区切るのも一つの見方であろう。むしろその方が直截で分かりやすいのではなかろうか。清代以後の中国史の展開については、引き続き第5巻をお読みいただきたいと思う。

顧みれば、本シリーズの企画について岡本隆司さんからお話をうかがったのは、二〇一五年の初夏のころだったと記憶する。実際に企画が動き出すのはそれよりずっと後のことだが、それでも今日に至るまでにかなりの年月が流れた。このほどようやく出版の運びとなり、約束を果たせた安堵感と肩の荷を降ろした解放感とで、今はほっと一息ついているというのが正直な気持ちである。願わくは本書あるいは本シリーズを通して、近くて遠い国・中国に関心を持つ人が一人でも増えれば、これほどうれしいことはない。

本書を完成させるに当たっては、前著『天下と天朝の中国史』と同様、編集全般にわたって新書編集部の中山永基さんのお世話になった。中山さんは前著の時もそうであったように、プロの目線で私の不備な点を種々補ってくださった。中山さんの全面的なサポートに対し、この場を借りて厚くお礼を申し上げたい。

二〇二〇年三月

檀上　寛

岩波新書/最新刊から

2018 なぜ難民を受け入れるのか
—人道と国益の交差点—
橋本直子著
国際社会はいかなる論理と方法で難民を保護してきたのか。日本の課題は何か。政策研究の知見と実務経験をふまえ多角的に問い直す。

2019 不適切保育はなぜ起こるのか
—子どもが育つ場はいま—
普光院亜紀著
保育施設で子どもの心身を脅かす不適切行為が後を絶たない。問題の背景を丹念に検証し、子どもが主体的に育つ環境に向けて提言。

2020 古墳と埴輪
和田晴吾著
三世紀から六世紀にかけて列島で造られた、おびただしい数の古墳。古墳と埴輪の本質と古代人の他界観を最新の研究成果から探る。

2021 検証 政治とカネ
上脇博之著
政治資金パーティー裏金問題は、今も決着を迎えてはいない。告発の火付け役が問題の本質を抉り出し、ウソを見抜く技を提供する。

2022 環境とビジネス
—世界で進む「環境経営」を知ろう—
白井さゆり著
温室効果ガスの排出削減に努め、開示する「環境経営」が企業の長期的価値を高める。環境リスクをチャンスに変えるための入門書。

2023 表現の自由
「政治的中立性」を問う
市川正人著
本書は、「政治的中立性」という曖昧な概念を理由に人々の表現活動を制限することの危険性を説くものである。

2024 戦争ミュージアム
—記憶の回路をつなぐ—
梯久美子著
戦争の記録と記憶を継ぐ各地の平和のための博物館を訪ね、土地の歴史を探り、人びとの語りを伝える。いまと地続きの過去への旅。

2025 記憶の深層
—〈ひらめき〉はどこから来るのか—
高橋雅延著
記憶のしくみを深く知り、上手に活かせば答えはひらめく。科学的エビデンスにもとづく記憶法と学習法のヒントを伝授する。

(2024.8)

岩波新書より

世界史

軍と兵士のローマ帝国　井上文則
西洋書物史への扉　髙宮利行
「音楽の都」ウィーンの誕生　ジェラルド・グローマー
マルクス・アウレリウス『自省録』のローマ帝国　南川高志
古代ギリシアの民主政　橋場弦
曾国藩「英雄」と中国史　岡本隆司
人種主義の歴史　平野千果子
スポーツからみる東アジア史　高嶋航
スペイン史10講　立石博高
ヒトラー　芝健介
ユーゴスラヴィア現代史〔新版〕　柴宜弘
東南アジア史10講　古田元夫
チャリティの帝国　金澤周作
太平天国　菊池秀明
ドイツ統一　アンドレアス・レダー　板橋拓己訳

人口の中国史　上田信
カエサル　小池和子
世界遺産　中村俊介
奴隷船の世界史　布留川正博
独ソ戦 絶滅戦争の惨禍　大木毅
イタリア史10講　北村暁夫
フランス現代史　小田中直樹
移民国家アメリカの歴史　貴堂嘉之
フィレンツェ　池上俊一
マーティン・ルーサー・キング　黒﨑真
ナポレオン　杉本淑彦
ガンディー 平和を紡ぐ人　竹中千春
イギリス現代史　長谷川貴彦
ロシア革命 破局の8か月　池田嘉郎
天下と天朝の中国史　檀上寛
孫文　深町英夫
古代東アジアの女帝　入江曜子
新・韓国現代史　文京洙

ガリレオ裁判　田中一郎
人間・始皇帝　鶴間和幸
袁世凱　岡本隆司
二〇世紀の歴史　木畑洋一
イギリス史10講　近藤和彦
植民地朝鮮と日本　趙景達
シルクロードの古代都市　加藤九祚
中華人民共和国史〔新版〕　天児慧
物語 朝鮮王朝の滅亡◆　金重明
新・ローマ帝国衰亡史　南川高志
近代朝鮮と日本　趙景達
マヤ文明　青山和夫
北朝鮮現代史　和田春樹
四字熟語の中国史◆　冨谷至
李鴻章　岡本隆司
新しい世界史へ　羽田正
パル判事　中里成章
グランドツアー 18世紀イタリアへの旅　岡田温司
パリ 都市統治の近代　喜安朗

(2023.7)　◆は品切，電子書籍版あり．　(O1)

岩波新書新赤版一〇〇〇点に際して

ひとつの時代が終わったと言われて久しい。だが、その先にいかなる時代を展望するのか、私たちはその輪郭すら描きえていない。二〇世紀から持ち越した課題の多くは、未だ解決の緒を見つけることのできないままであり、二一世紀が新たに招きよせた問題も少なくない。グローバル資本主義の浸透、憎悪の連鎖、暴力の応酬——世界は混沌として深い不安の只中にある。

現代社会においては変化が常態となり、速さと新しさに絶対的な価値が与えられた。消費社会の深化と情報技術の革命は、種々の境界を無くし、人々の生活やコミュニケーションの様式を根底から変容させてきた。ライフスタイルは多様化し、一面では個人の生き方をそれぞれが選びとる時代が始まっている。同時に、新たな格差が生まれ、様々な次元での亀裂や分断が深まっている。社会や歴史に対する意識が揺らぎ、普遍的な理念に対する根本的な懐疑や、現実を変えることへの無力感がひそかに根を張りつつある。そして生きることに誰もが困難を覚える時代が到来している。

しかし、日常生活のそれぞれの場で、自由と民主主義を獲得し実践することを通じて、私たち自身がそうした閉塞を乗り超え、希望の時代の幕開けを告げてゆくことは不可能ではあるまい。そのために、いま求められていること——それは、個と個の間で開かれた対話を積み重ねながら、人間らしく生きることの条件について一人ひとりが粘り強く思考することではないか。その営みの糧となるものが、教養に外ならないと私たちは考える。歴史とは何か、よく生きるとはいかなることか、世界そして人間はどこへ向かうべきなのか——こうした根源的な問いとの格闘が、文化と知の厚みを作り出し、個人と社会を支える基盤としての教養となった。まさにそのような教養への道案内こそ、岩波新書が創刊以来、追求してきたことである。

岩波新書は、日中戦争下の一九三八年一一月に赤版として創刊された。創刊の辞は、道義の精神に則らない日本の行動を憂慮し、批判的精神と良心的行動の欠如を戒めつつ、現代人の現代的教養を刊行の目的とする、と謳っている。以後、青版、黄版、新赤版と装いを改めながら、合計二五〇〇点余りを世に問うてきた。そして、いままた新赤版が一〇〇〇点を迎えたのを機に、人間の理性と良心への信頼を再確認し、それに裏打ちされた文化を培っていく決意を込めて、新しい装丁のもとに再出発したいと思う。一冊一冊から吹き出す新風が一人でも多くの読者の許に届くこと、そして希望ある時代への想像力を豊かにかき立てることを切に願う。

（二〇〇六年四月）

檀上 寛

1950年生まれ．京都大学大学院博士課程修了．文学博士
現在 ― 京都女子大学名誉教授
専攻 ― 中国近世史
著書 ― 『天下と天朝の中国史』(岩波新書)
『明の太祖　朱元璋』(ちくま学芸文庫)
『明朝専制支配の史的構造』(汲古書院)
『永楽帝 ―― 華夷秩序の完成』(講談社学術文庫)
『明代海禁＝朝貢システムと華夷秩序』(京都大学学術出版会) など

陸海の交錯 明朝の興亡
シリーズ 中国の歴史④　　岩波新書(新赤版)1807

2020年5月20日　第1刷発行
2024年9月5日　第5刷発行

著 者　檀上《だんじょう》 寛《ひろし》

発行者　坂本政謙

発行所　株式会社 岩波書店
〒101-8002 東京都千代田区一ツ橋2-5-5
案内 03-5210-4000　営業部 03-5210-4111
https://www.iwanami.co.jp/

新書編集部 03-5210-4054
https://www.iwanami.co.jp/sin/

印刷・精興社　カバー・半七印刷　製本・中永製本

ISBN 978-4-00-431807-1　　Printed in Japan

索　引

ア 行

カ 行

サ 行

タ 行

ナ 行

ハ 行

ワ 行

略年表

1328	朱元璋生まれる．
1344	黄河の氾濫はじまる．
1351	「紅巾の乱」おこる．
1352	朱元璋，濠州(鳳陽)で反乱軍に参加．
1355	韓林児・劉福通ら亳州で大宋国を樹立．
1356	朱元璋，集慶(南京)を占領して応天と命名する．
1363	張士誠，呉王を称す．朱元璋，大漢国の陳友諒を鄱陽湖で破る．
1364	朱元璋，呉王となる．
1366	朱元璋，小明王韓林児を応天に迎えて長江で溺死させる．
1367	朱元璋，平江(蘇州)の張士誠を破る．大都の元朝に向かって北伐を開始．
1368	朱元璋，応天で皇帝に即位(太祖洪武帝)．国号は大明．応天を南京，開封を北京とする．ベトナム・チャンパ・高麗・日本等に建国を告げ朝貢をうながす．方国珍の残党の反明海上活動が継続する．この頃，海禁令を公布．
1370	第一回科挙の実施．三年連続で科挙を行う．
1371	南北更調の制を施行する．日本国王良懐の初めての入貢．
1374	寧波・泉州・広州の市舶司を廃止する．
1375	大明通行宝鈔を発行する．金銀使用の禁止．
1376	「空印の案」おこる．
1378	諸王分封の開始．
1380	「胡惟庸の獄」おこる．宰相の廃止．燕王，北平に就藩．
1381	里甲制を全国的に実施．
1383	対外的な勘合制度の開始．
1385	『御製大誥』の頒布．
1390	「李善長の獄」おこる．
1391	皇太子，西安を視察．

1393 「藍玉の獄」おこる.
1397 『大明律』の最後の改訂.
1398 洪武帝没し，建文帝即位する．削藩の開始.
1399 燕王起兵する(靖難の変).
1402 南京陥落し，燕王即位する(成祖永楽帝)．壬午殉難.
1403 北平を北京と改称．足利義満，日本国王として入貢．日明貿易の開始.
1405 鄭和の第一回南海遠征(～1407).
1407 ベトナムの併合.
1409 オイラトのマフムードを順寧王，タイピンを賢義王，バトゥボロドを安楽王に封ず.
1410 永楽帝の第一次モンゴル親征.
1411 会通河の開鑿．イシハ，ヌルカン都司を設置.
1413 モンゴルのアルクタイを和寧王に封ず.
1421 北京遷都.
1424 第五次モンゴル親征の途次，永楽帝没す．洪熙帝即位し，南京還都に着手.
1425 洪熙帝没し宣徳帝即位する．南京還都の中断.
1428 ベトナム，独立を回復.
1429 大運河の要衝に鈔関を設置.
1430 鄭和の第七回南海遠征(～1433).
1433 江南地方で税糧の銀納化始まる(金花銀).
1441 北京，正式に京師(首都)となる.
1446 「葉宗留の乱」おこる.
1448 「鄧茂七の乱」おこる.
1449 「土木の変」おこる．英宗(正統帝)，エセンに捕われる.
1453 エセン，大元天聖大可汗を自称する.
1457 「奪門の変」おこる．英宗(天順帝)復辟．于謙，処刑される.
1464 「荊襄の乱」おこる.
1472 オルドス方面の長城の増修築始まる.
1488 均徭法の施行.

1500	「弘治問刑条例」の制定.
1510	劉瑾，処刑される.「劉六・劉七の乱」おこる.
1511	ポルトガルのマラッカ占領.『正徳大明会典』の刊行.
1517	ポルトガルのトメ・ピレス一行の広州来航.
1519	寧王朱宸濠の反乱おこる.
1521	嘉靖帝即位.「大礼の議」おこる.
1522	広州からポルトガル勢力を駆逐.
1523	「寧波の乱(寧波争貢事件)」おこる.
1528	王陽明没す.
1529	嘉靖帝の礼制改革始まる.
1530	漳州月港の対岸海滄県に安辺館を設置.
1542	「壬寅宮変」おこる.
1545	王直，倭の助才門らを双嶼港に誘引する.
1547	朱紈，福建沿海部で海禁を徹底.
1548	朱紈，舟山の双嶼港を攻撃.
1549	日本からの最後の遣明使節来貢.
1550	アルタン・カアン，北京を包囲(庚戌の変).
1551	月港に靖海館を設置.
1553	明軍，舟山の烈港を攻撃．この頃から北虜南倭の騒擾.
1557	ポルトガル，マカオでの居住権を獲得.
1559	王直の処刑.
1562	厳嵩，失脚する.
1563	月港の靖海館を海防館に改編.
1567	海澄県を新設して月港を開港する．海禁の緩和．張居正入閣する.
1571	明とアルタンとの和議が成立(隆慶和議)．北辺で馬市を開設．スペイン，植民都市のマニラを建設．アカプルコ－マニラ間のガレオン貿易が開始.
1573	張居正，考成法を施行.
1575	月港の徴税制度を整備.
1578	張居正，全国的に丈量を実施.
1581	張居正，全国的に一条鞭法を実施.

1582 張居正没す．マテオ・リッチ，マカオに上陸．
1590 李卓吾の『焚書』刊行．
1592 寧夏で「ボバイの反乱」おこる．豊臣秀吉の第一次朝鮮出兵(文禄の役)．
1596 全国に宦官を派遣して鉱山の開発と商税の増徴を行う(鉱税の禍)．
1597 第二次朝鮮出兵(慶長の役)．この頃，月港に督餉館を設置する．
1599 税監の高寀，福建に着任．月港の海商に対して過酷な収奪を行う．
1602 李卓吾，獄中死．月港の海商，高寀に対して民変をおこす．
1604 顧憲成，無錫で東林書院を再興する．
1614 無錫で高攀竜・陳幼学らが同善会を組織．
1615 「挺撃の案」おこる．
1616 ヌルハチ(清の太祖)，アイシン国(後金国)を創建．
1618 ヌルハチ，七大恨を掲げて明を攻撃．
1619 ヌルハチ，「サルフの戦い」で明・朝鮮軍を破る．
1620 「紅丸の案」，「移宮の案」おこる．
1624 魏忠賢，東林党への弾圧を開始．オランダ，台湾南部に拠点を築く．
1626 『三朝要典』の編集．ヌルハチ，寧遠で袁崇煥に敗北して負傷する．蘇州で「開読の変」おこる．
1627 ホンタイジ，朝鮮に侵攻する(丁卯胡乱)．天啓帝没し，崇禎帝即位．魏忠賢自殺．
1628 『三朝要典』を廃棄する．鄭芝竜，明に降伏して海防遊撃に任じられる．陝西方面で王嘉胤らの反乱がおこる．
1629 『欽定逆案』を頒布する．
1630 張献忠，王嘉胤らの反乱軍に呼応．
1631 李自成，高迎祥の傘下に加わる．
1635 高迎祥らの反乱軍，中都の祖陵を破壊．
1636 ホンタイジ(清の太宗)，大清国を創設．

1637	朝鮮国王仁祖，三田渡でホンタイジに降伏(丙子胡乱)．
1641	李自成，洛陽で福王を殺害．
1644	李自成，西安で大順国を創設．北京，李自成軍に占領されて明朝滅亡．清軍，呉三桂とともに北京入城．張献忠，成都で大西国を創設．順治帝，北京で即位．南京に福王(弘光帝)政権が誕生．
1645	福州で唐王(隆武帝)政権誕生．鄭芝竜・鄭成功らが支援する．
1646	清の攻撃で唐王政権は崩壊し，鄭芝竜は清に降伏．慶肇で桂王(永暦帝)政権誕生．鄭成功は永暦帝を擁して反清活動を継続．この間，鄭成功らの日本乞師は江戸幕府に拒絶される．
1650	永暦政権，バチカンに援軍を要請．
1661	鄭成功，台湾を領有する．永暦帝，ビルマで捕獲される．
1663	黄宗羲の『明夷待訪録』完成．
1683	鄭成功の孫の鄭克塽，清に降伏する．

主要参考文献

本巻全体に関わるもの

上田信『海と帝国 —— 明清時代』(中国の歴史 9)講談社, 2005 年

岡田英弘・神田信夫『紫禁城の栄光 —— 明・清全史』講談社学術文庫, 2006 年(初版は 1968 年)

愛宕松男・寺田隆信『モンゴルと大明帝国』講談社学術文庫, 1998 年(初版は 1974 年)

岸本美緒・宮嶋博史『明清と李朝の時代』(世界の歴史 12)中公文庫, 2008 年(初版は 1998 年)

田村実造責任編集『最後の東洋的社会』(世界の歴史 9)中公文庫, 1975 年(初版は 1961 年)

松丸道雄他編『中国史 4 明・清』(世界歴史体系)山川出版社, 1999 年

三田村泰助『黄土を拓いた人びと』(生活の世界歴史 2)河出文庫, 1991 年(初版は 1976 年)

三田村泰助・間野潜龍『明帝国と倭寇』(中国文明の歴史 8)中公文庫, 2000 年(初版は 1967 年)

宮崎市定『宮崎市定全集 13 明清』岩波書店, 1992 年

桃木至朗編『海域アジア史研究入門』岩波書店, 2008 年

森正夫他編『明清時代史の基本問題』(中国史学の基本問題 4)汲古書院, 1997 年

第 1 章

足立啓二『専制国家史論 —— 中国史から世界史へ』柏書房, 1998 年

伊藤正彦『宋元郷村社会史論 —— 明初里甲制体制の形成過程』汲古書院, 2010 年

岡本隆司編『中国経済史』名古屋大学出版会, 2013 年

檀上寛『明の太祖 朱元璋』白帝社, 1994 年

檀上寛『明朝専制支配の史的構造』汲古書院，1995 年
中島楽章『明代郷村の紛争と秩序 —— 徽州文書を史料として』汲古書院，2002 年
陳宝良『明代社会生活史』中国社会科学出版社，2004 年
森正夫『明代江南土地制度の研究』同朋舎出版，1988 年
渡昌弘『明代国子監政策の研究』汲古書院，2019 年

第 2 章

新宮学『北京遷都の研究 —— 近世中国の首都移転』汲古書院，2004 年
榎本渉『東アジア海域と日中交流 九〜一四世紀』吉川弘文館，2007 年
川越泰博『明代中国の軍制と政治』国書刊行会，2001 年
佐久間重男『日明関係史の研究』吉川弘文館，1992 年
檀上寛「方国珍海上勢力と元末明初の江浙沿海地域社会」京都女子大学東洋史研究室編『東アジア海洋域圏の史的研究』(京都女子大学研究叢刊 39)2003 年
檀上寛『永楽帝 —— 華夷秩序の完成』講談社学術文庫，2012 年(初版は 1997 年)
檀上寛『明代海禁＝朝貢システムと華夷秩序』京都大学学術出版会，2013 年
村井章介『アジアのなかの中世日本』校倉書房，1988 年
村井章介・橋本雄・伊藤幸司・須田牧子・関周一編『日明関係史研究入門 —— アジアのなかの遣明船』勉誠出版，2015 年

第 3 章

青木富太郎『万里の長城』近藤出版社，1972 年
奥山憲夫『明代軍政史研究』汲古書院，2003 年
川越泰博「明蒙交渉下の密貿易」『明代史研究』創刊号，1974 年
川越泰博『明代長城の群像』(汲古選書 35)，汲古書院，2003 年
許賢瑶「明代的勾軍」『明史研究専刊』6，1983 年

佐伯有一「手工業の発達」『ゆらぐ中華帝国』(世界の歴史 11)筑摩書房，1979 年(初版は 1961 年)
阪倉篤秀『長城の中国史 ── 中華 vs. 遊牧六千キロの攻防』講談社選書メチエ，2004 年
滋賀秀三編『中国法制史 ── 基本資料の研究』東京大学出版会，1993 年
谷口規矩雄「明代の農民反乱」『岩波講座世界歴史』12，岩波書店，1971 年
谷口規矩雄『明代徭役制度史研究』同朋舎，1998 年
橋本雄『日本国王と勘合貿易』NHK 出版，2013 年
森正夫『森正夫明清史論集』第三巻(地域社会・研究方法)，汲古書院，2006 年
李龍潜「明代軍戸制度浅論」『中国史研究動態』1982-1

第 4 章

岩井茂樹『朝貢・海禁・互市 ── 近世東アジアの貿易と秩序』名古屋大学出版会，2020 年
小島毅「嘉靖の礼制改革について」『東洋文化研究所紀要』117，1992 年
佐藤文俊『明代王府の研究』研文出版，1999 年
焦堃「陽明派士人と嘉靖初年の政治 ── 陽明學の政治倫理について」『東洋史研究』71-1，2012 年
城地孝『長城と北京の朝政 ── 明代内閣政治の展開と変容』京都大学学術出版会，2012 年
全漢昇『中国近代経済史論叢』(全漢昇経済史著作集)中華書局，2011 年
寺田隆信『山西商人の研究』同朋舎，1972 年
田澍『嘉靖革新研究』中国社会科学出版社，2002 年
中島楽章『徽州商人と明清中国』(世界史リブレット 108)山川出版社，2009 年
奈良修一「明末福建省の高寀に対する民変について」『山根幸夫教

授退休記念 明代史論叢』上，汲古書院，1990 年
野田徹「嘉靖朝における鎮守宦官裁革について」『史淵』137，2000 年
萩原淳平『明代蒙古史研究』同朋舎，1980 年
羽田正『興亡の世界史 東インド会社とアジアの海』講談社学術文庫，2017 年(初版は 2007 年)
濱島敦俊『明代江南農村社会の研究』東京大学出版会，1982 年
村井章介『世界史のなかの戦国日本』ちくま学芸文庫，2012 年(初版は 1997 年)
李金明『漳州港』福建人民出版社，2001 年
李慶新『明代海外貿易制度』社会科学文献出版社，2007 年
林麗月『奢倹・本末・出処 ── 明清社会的秩序心態』新文豊出版公司，2014 年
山崎岳「巡撫朱紈の見た海 ── 明代嘉靖年間の沿海衛所と「大倭寇」前夜の人々」『東洋史研究』62-1，2003 年

第 5 章

井上進『中国出版文化史 ── 書物世界と知の風景』名古屋大学出版会，2002 年
井上進『明清学術変遷史 ── 出版と伝統学術の臨界点』平凡社，2011 年
井上徹『中国の宗族と国家の礼制 ── 宗法主義の視点からの分析』研文出版，2000 年
岩井茂樹「明末の集権と「治法」主義 ── 考成法のゆくえ」『和田博徳教授古稀記念 明清時代の法と社会』汲古書院，1993 年
大木康『明末江南の出版文化』研文出版，2004 年
小野和子『明季党社考 ── 東林党と復社』同朋舎，1996 年
岸本美緒『東アジアの「近世」』(世界史リブレット 13)山川出版社，1998 年
岸本美緒「清朝とユーラシア」歴史学研究会編『講座世界史 2 近代世界への道 ── 変容と摩擦』東京大学出版会，1995 年

北島万次『秀吉の朝鮮侵略と民衆』岩波新書，2012 年
牛建強『明代中後期社会変遷研究』文津出版社，1997 年
金文京「明代万暦年間の山人の活動」『東洋史研究』61-2，2002 年
久芳崇『東アジアの兵器革命 —— 十六世紀中国に渡った日本の鉄砲』吉川弘文館，2010 年
伍躍『中国の捐納制度と社会』京都大学学術出版会，2011 年
黒嶋敏『天下統一 —— 秀吉から家康へ』講談社現代新書，2015 年
島田虔次『中国における近代思惟の挫折』1・2，平凡社東洋文庫，2003 年(初版改訂版は 1970 年)
中島楽章「封倭と通貢 —— 一五九四年の寧波開貢問題をめぐって」『東洋史研究』66-2，2007 年
中島楽章「一五四〇年代の東アジア海域と西欧式火器 —— 朝鮮・双嶼・薩摩」中島楽章編『南蛮・紅毛・唐人 —— 一六・一七世紀の東アジア海域』思文閣出版，2013 年
林田芳雄『蘭領台湾史 —— オランダ治下 38 年の実情』(汲古選書 56)汲古書院，2010 年
巫仁恕『品味奢華 —— 晩明的消費社会与士大夫』中華書局，2008 年
夫馬進「明末の都市改革と杭州民変」『東方学報』49，1977 年
夫馬進「明末反地方官士変」『東方学報』52，1980 年
夫馬進『中国善会善堂史研究』同朋舎出版，1997 年
三木聰『伝統中国と福建社会』汲古書院，2015 年
山本進「朝鮮時代の火器」『東洋史研究』75-2，2016 年．のち改題の上『朝鮮後期財政史研究 —— 軍事・商業政策の転換』(九州大学出版会，2018 年)に収録.
米谷均「豊臣秀吉の「日本国王」冊封の意義」山本博文他編『豊臣政権の正体』柏書房，2014 年
林麗月『奢倹・本末・出処 —— 明清社会的秩序心態』
和田正広『中国官僚制の腐敗構造に関する事例研究 —— 明清交替期の軍閥李成梁をめぐって』九州国際大学社会文化研究所，1995 年

第6章
石原道博『明末清初 日本乞師の研究』冨山房，1945年
岸本美緒「東アジア・東南アジア伝統社会の形成」『岩波講座世界歴史13』岩波書店，1998年
岸本美緒『明清交替と江南社会――17世紀中国の秩序問題』東京大学出版会，1999年
佐藤文俊『明末農民反乱の研究』研文出版，1985年
佐藤文俊『李自成――駅卒から紫禁城の主へ』(世界史リブレット人41)山川出版社，2015年
檀上寛『天下と天朝の中国史』岩波新書，2016年
奈良修一『鄭成功――南海を支配した一族』(世界史リブレット人42)山川出版社，2016年
三木聰「万暦四十二年の「福州民変」をめぐる諸問題(1)」『北海道大学文学研究院紀要』159，2019年
溝口雄三「いわゆる東林派人士の思想――前近代期における中国思想の展開(上)」『東洋文化研究所紀要』75，1977年
溝口雄三・蜂屋邦夫・戸川芳郎『儒教史』(世界宗教史叢書10)山川出版社，1987年
三谷博・李成市・桃木至朗「「周辺国」の世界像――日本・朝鮮・ベトナム」『「世界史」の世界史』ミネルヴァ書房，2016年
吉尾寛『明末の流賊反乱と地域社会』汲古書院，2001年

おわりに
岸本美緒編『1571年――銀の大流通と国家統合』(歴史の転換期6)山川出版社，2019年
清水光明編『「近世化」論と日本――「東アジア」の捉え方をめぐって』(『アジア遊学』185)勉誠出版，2015年
夫馬進「中国近世と科挙」吉田光男編『東アジア近世近代史研究』(放送大学大学院教材)放送大学教育振興会，2017年

図表出典一覧

図 4，図 9，図 11，図 26，図 30，図 31，図 32，図 48……著者撮影

図 13，図 14，図 22，図 24，図 34，図 36，図 38，図 42，図 43，図 44，図 46，図 49……Wikimedia Commons

図 1……檀上寛「洪武帝と馬皇后」『週刊朝日百科　世界の歴史』58，1990 年，C-379 頁.

図 2……檀上寛『明の太祖朱元璋』白帝社，1994 年，57 頁.

図 3……檀上寛『明の太祖朱元璋』43 頁.

図 5……岡本隆司『中国「反日」の源流』講談社選書メチエ，2011 年，44 頁.

図 6……岡田英弘他『紫禁城の栄光』講談社学術文庫，2006 年，51 頁を一部改変.

図 7……山根幸夫『図説中国の歴史 7　明帝国と倭寇』講談社，1977 年，30 頁.

図 8……檀上寛『明代海禁＝朝貢システムと華夷秩序』京都大学学術出版会，2013 年，447 頁.

図 10……檀上寛『明代海禁＝朝貢システムと華夷秩序』141 頁.

図 12……檀上寛『永楽帝』講談社学術文庫，2012 年，85 頁.

図 15……檀上寛『永楽帝』10〜11 頁をもとに一部改変して作成.

図 16……檀上寛『天下と天朝の中国史』岩波新書，2016 年，219 頁.

図 17……小山正明『ビジュアル版　世界の歴史 11　東アジアの変貌』講談社，1985 年，119 頁.

図 18……小山正明『ビジュアル版　世界の歴史 11　東アジアの変貌』200 頁.

図 19……阪倉篤秀『長城の中国史』講談社選書メチエ，2004 年，167 頁を一部改変.

図 20……三田村泰助『宦官』中公新書，1963 年，巻頭の図を一部改変.

図21……朴漢済著・吉田光男訳『中国歴史地図』平凡社，2009年，146頁．

図23……間野潜龍『朱子と王陽明』清水書院，1974年．

図25……巫仁恕『奢侈的女人 ── 明清時期江南婦女的消費生活』三民書局，2005年，43頁．

図27……羽田正『東インド会社とアジアの海』講談社，2007年，58頁．

図28……羽田正『東インド会社とアジアの海』115頁を一部改変．

図29……『倭寇図巻』．

図33……『全辺略記』九辺図．

図35……岸本美緒『世界の歴史12　明清と李朝の時代』中央公論社，1998年，155頁．

図37……田村実造『世界の歴史9　最後の東洋的社会』中央公論社，1968年，158頁．

図39……岸本美緒『東アジアの「近世」』世界史リブレット，山川出版社，1998年，15頁．

図40……宮城県立図書館所蔵．

図41……『籌海図編』巻13，経略3．

図45……石橋崇雄『大清帝国への道』講談社学術文庫，2011年，70頁を一部改変．

図47……田村実造『世界の歴史9　最後の東洋的社会』210頁を一部改変．


表1……李金明『漳州港』(福建人民出版社，2001年)86〜87頁の表をもとに作成．

表2……全漢昇「明代中葉後澳門的海外貿易」(『中国近代経済史論叢』中華書局，2011年)153頁の表をもとに作成．

作図：前田茂実(図3，図10，図12，図15，図19，図20，図27，図28，図35，図39，図45，図47)